语文到底怎么教

资深教师谈语文

凌宗伟　梅香　等著

湖南人民出版社·长沙

图书在版编目（CIP）数据

语文到底怎么教 ／ 凌宗伟、梅香等著. —长沙：湖南人民出版社，2023.3
ISBN 978-7-5561-3066-5

Ⅰ. ①语… Ⅱ. ①凌… Ⅲ. ①语文教学—教学研究 Ⅳ. ①H193

中国版本图书馆CIP数据核字（2022）第172981号

语文到底怎么教
YUWEN DAODI ZENME JIAO

著　　者：凌宗伟　梅香　等
出版统筹：陈　实
监　　制：傅钦伟
产品经理：冯紫薇
责任编辑：张玉洁
责任校对：欧家作
特邀编辑：杨　敏
封面设计：许婷怡

出版发行：湖南人民出版社有限责任公司［ http://www.hnppp.com ］
地　　址：长沙市营盘东路3号　　邮编：410005　　电话：0731-82683357
印　　刷：长沙新湘诚印刷有限公司
版　　次：2023年3月第1版　　　　　　印　　次：2023年3月第1次印刷
开　　本：880 mm × 1230 mm　　1/32　　印　　张：8.875
字　　数：140千字
书　　号：ISBN 978-7-5561-3066-5
定　　价：52.00元

营销电话：0731-82683348（如发现印装质量问题请与出版社调换）

　　承蒙《语文教学与研究》主编剑男先生的厚爱，约我给《语文教学与研究》的访谈栏目做了几位老师的专访，成稿后跟梅香分享了几篇，她看了觉得有点意思，建议做一本关于语文教学问题研讨的书，我觉得这个建议蛮好，于是邀请她一起参与，我们共同将这个设想变成现实。

　　我是语文教师出身，也一直保持对语文教育教学的研究。梅香是江苏教育报刊总社的资深编辑，虽未做过教师，但关注语文教育，在多年编辑经历中，她也一直希望能够对话一些有思想力、有特点的语文教师，探讨语文教育教学相关的话题，以期相互砥砺，碰撞出对语文教育人有点效用的火花。因此我以为，我们共同来完成这个设想应该是比较理想的。

语文教学历来是比较热闹的，也是备受争议的。可以说每一次"课改"，语文教师总是话语较多的，但是时至今日在许多问题上还是莫衷一是、各说各话。我以为，恐怕也正是因为各说各话、莫衷一是才有了语文界的各种热闹。既然是访谈，就要让各位各说各话，唯有各说各话才有可能厘清我们尚未厘清的语文教学的一些基本问题。

20世纪具有重大影响的思想家迈克尔·波拉尼在他的《个人知识》一书中提出，"个人知识"理论体系是想"用多个世纪以来的批判性思维教导人们怀疑的官能把人们重新武装起来"，"使长期以来被客观主义框架歪曲了的世界万物恢复它们的本来面目"。波拉尼认为，人类的知识有两种，通常所说的知识是用书面文字、图表和数学公式等符号来表达的，即所谓显性知识，譬如许多语文教师对语文教学的一些陈陈相因的理解与认识；但还有一种知识是不能系统表述的，如我们关于自己行为的某种知识，即所谓默会知识，譬如，我们听到一些老生常谈的道理时总觉得不对劲，但就是说不清楚哪里不对劲。

我的理解是，尽管访谈多由访问者根据受访对象的特点和预先已有的资料、了解的情况抛出问题，让受访者尽情地谈，但多少也与访问者对访谈内容的关注度与理解有关。作为访问者，我们能做的就是让受访者最大限度地表达各自的观点，而不能将任何人的意志强加给另一个人。至于如何理解各自的观点，则需要读者凭借自己的个人知识各取所需。

在我们看来，这本书涉及的17个话题（纯属偶然，但"17"在阿拉伯数字里代表绿色，谐音表示"一起"，与这本书"一起聊聊"的宗旨比较吻合）应该是当下语文教师普遍关心的问题，但我们绝不是想告诉读者如何正确理解这些问题，只不过试图通过几位老师的讨论引发读者的进一步思考。我们对这些问题的理解就如波拉尼所言，人们"对任何事情的肯定也就意味着对我们自身认知技艺的评价，真理的确立本质依赖于我们自身的一套个人标准，但这套标准却不能被正式界定"。我们的理解源自各自的那套"个人标准"。阅读中必须充分认识到，"基于一种解释框架的形式操作不能向基于另一种解释框架的人去论证一个命题，持有前一种解释框架的人甚至无法成功地得到这些人的聆听，因为前者必须教会后者一种新的语言，但除非后者首先相信这种语言对他来说有某种意义，否则不会学会这种语言"，

"个人知识是一种理智上的寄托，因此也具有内在的冒险性"。各位的观点只是个人认知使然，未必就是正确的，甚至可能还有偏颇，但我想只要能给读者带来一点思考就足够了，如果读者能够在思考的基础上形成自己的语言那就更令人欣慰了。

波拉尼说："事实上，沉迷于自己的问题是一切创造力的源泉。""我们执着于一个问题的深度，激发了我们在寻求答案的过程中和在以后的休息期间能够重组我们的思维。""我们盯着那已知的资料，但不是盯着这些资料本身，而是把它们当作通向未知事物的线索，当作通向未知事物的指针和构成未知事物的部件。""我们应该持之以恒地摸索着通向理解之路，要弄清这些已知的细节是如何互相联系在一起、与未知的东西联系在一起的。靠着这些前兆，我们坚定了那未知的东西的确存在的信心：它的存在主要取决于它的已知资料；它能够满足由问题向它提出来的所有要求。"如果有更多的老师能够参与到这些话题的讨论中来，或许就可能达到波拉尼所说的"使长期以来被客观主义框架歪曲了的世界万物恢复它们的本来面目"的境界。我们凭借个人知识去评判某个观点时，一定是带着个人色彩的，参与这次讨论的诸位老师对语文教学都是有自己的研究思路的，更是有自己的系统思考与实践经验的，有的还有自己的理论建树，各有各的"个人知识"，这也是我们在讨论中放弃追求"共识"的原因。

感谢汪政、郑朝晖、罗晓晖、欧阳国胜、岳春光、袁菊、王雷、邬建芳、唐缨等老师欣然接受我们的访谈，参与这些话题的讨论。感谢剑男先生给我的机会，感谢我的同事季勇老师在这本书的整理过程中为我们做了大量的前期工作，更要感谢家人对我们的理解与支持。

凌宗伟

2022年4月23日于嗜书斋

访谈人员简介：

凌宗伟：江苏省中学语文特级教师，全国优秀校长，江苏省教育学会会员、南通市中语会理事、通州市教育学会理事，《中国教育报》"2012年度十大读书推动人物"之一。在各类报刊发表教育教学论文两百多篇。在《教育时报》设有《行读人生》专栏。有《语文教师的使命——点燃生命的激情》《校长之道和人格修炼》《教育的积极力量》《成长的烦恼——初中生家庭教育漫谈》等专著与编著。

梅香：江苏教育报刊总社《江苏教育参考》主编。历任《初中生世界》记者、编辑、副主编，《江苏教育》副主编，《江苏教育报》主编。

汪政：江苏海安人，著名文学评论家，中国小说学会副会长，江苏省当代文学学会副会长，南京市评论家协会主席，曾任江苏省作家协会副主席、江苏省文艺评论家协会主席。多次担任鲁迅文学奖、茅盾文学奖、施耐庵文学奖

终评委。曾被评为中学语文特级教师并担任过校长。著有
《一片幽情冷处浓》《自我表达的激情》《我们如何抵达现
场》《无边的文学》《解放阅读——文学批评与语文教学》
等，获得多种文学奖项，主编、参编大学、中专、高中教材
多种。

郑朝晖：上海市语文特级教师，正高级教师。全国语文
报刊协会课堂教学研究会常务理事，上海市写作协会常务理
事，上海市中小学国学教育专业委员会副会长，上海市双名
工程主持人，上海市特级教师特级校长联谊会副秘书长，华
东师范大学MOOC中心兼职教授，华东师大语文教育研究中
心研究员，建平教育集团秘书长，建平中学副校长。出版专
著《满眼繁花——一个语文教师的成长手记》《好教育改变
人的气质》，在《语文世界》《上海教育》开设有《郑老师
说诗》和《行走空间》栏目。

袁菊：南通市教育科学研究院高中语文教研员，江苏
省特级教师、正高级教师，江苏省"333高层次人才培养工
程"培养对象。2005年获得全国中学语文课堂教学大赛一
等奖，2017年获得江苏省基础教育成果奖一等奖。两次参
与江苏高考作文命题，多次参与江苏高考语文考试说明修

订。兼任江苏省写作学会副会长、江苏省青少年写作学会副会长、江苏省中语会常务理事。主持江苏省教育科学规划重点研究课题多项并成功结题；在省级以上刊物发表论文120多篇，其中核心期刊30多篇，并有多篇被人大复印资料全文转载。

欧阳国胜：福建省正高级教师，福建省学科带头人，厦门市高三教学名师团成员。荣获厦门市第四届教学创新大赛一等奖、厦门首届班主任技能大赛一等奖。全国高考作文深度研究者，在《语文教学通讯》《语文月刊》《福建基础教育研究》等发表论文数十篇，并有多篇论文被人大报刊复印资料《高中语文教与学》全文转载。

唐缨：江苏省无锡市锡山区语文学科带头人，锡山区教研室高中语文中心组成员。曾获江苏省评优课一等奖，于天津耀华中学、南京中华中学、江苏省"苏派语文教育论坛"等开设多堂省级公开课。曾两次获得"五四杯"论文评比一等奖，多篇论文发表于《中学语文教学参考》《语文建设》等核心期刊。主编《国学易知》《课本里的中华文化》《理趣读写》等多部著作。

岳春光：语文高级教师，天津师范大学南开附属中学语文学科组长，先后活跃于人教论坛、k12语文论坛、教育在线等论坛。曾受章熊先生的邀请参与章先生主持的读写研究的网络小组，先后在《语文建设》《新课程研究》《语文教学通讯》《语文知识》等刊物上发表文章。

罗晓晖：成都市语文教研员，四川师范大学特聘教授，成都文理学院特聘教授，成都七中原语文备课组长。主要著作有《方法与案例——语文经典篇目文本解读》《高中作文要义——思维、材料和技巧》《文本解读与阅读教学讲谈》《追求更高品质的阅读教学——中学语文名师课例深度剖析》等。

邬建芳：苏州大学文学学士、华东师范大学教育硕士，张家港市语文学科带头人。2008年获江苏教育报刊社颁发的"江苏省十大名师"荣誉称号；2010年参加全国中语会课堂教学艺术大赛获一等奖；2011年获评"全国百佳语文教师"（教育部语言文字报刊社）。课例《再别康桥》《石钟山记》发表并收入华东师大出版社《好课是这样炼成的——品读名师经典课堂（语文卷）》。

王雷：中学高级教师，现任南师附中语文教师。著有《战战兢兢的讲台》。

第一章

如何理解

语文

（一）

为什么说"语文"是个学科概念

凌宗伟：各位，感谢大家接受我们的邀请来参与这次讨论。我想，在讨论之前我们还是要先捋一捋语文学科的一些基本概念。我们不仅发现有不少名流将语文等同于文学，或者等同于语言，还发现这些年"群文阅读""整本书阅读"貌似已经成为语文教师的口头禅了……但学界对"语文"这一概念的内涵与外延至今也没有一个较为统一的认知，大多还是停留在各说各话中。我们知道，任何一个概念的背后都是一个观点或思想，关系到我们看待某事物的一般性观念或对某事物的分类。如果不将一些基本概念界定清楚，在讨论中就会有意无意地偷换概念；如果讨论不建立在同一概念的同一维度上就有可能引发争执。哪位老师先来开个头呢？

岳春光：那我就先来说说。我想从王力先生的《中国语文概论》（又名《中国语文讲话》《汉语讲话》）谈起。从学科的角度来说，王力先生的这本书并不能算是语文学科的研究。为什么呢？关键问题出在了"语文"这个词上。王力先生的这本书谈到了"语音""语法""词汇""文字"四个方面，虽然这些都和语文学科的教学有关，但这四个方面都是中国语言学的内容，这就意味着这本书应该是语言方面的著作。我并不是说语文教师不需要学习语言学的知识，而是说"中国语文"并不等于中小学语文学科。我曾在一则"闲言碎语"中表述过这个问题：

一般人使用"语文"时，没有把"语文"作为一个学科的名称使用，而是作为"语言文字"的缩略语。既然缩略了，要想还原，就变成了"语言文学""语言文化"等不定指的缩略语了。也就是说，很多人在使用"语文"这两个字的时候，心里想的不是语文学科，而是"语言文字""语言文学""语言文化"。拿对后三者的期望，加诸语文学科头上，语文学科就被扭曲了。

也就是说，语文教师一定要有学科意识，要把"语文"当作一个整体性的学科名称来理解，而不能望文生义地把"语文"两个字按照文言习惯理解为其他内容，一旦混淆了作为缩略语的"语文"和作为学科名称的"语文"，混乱就产生了。但遗憾的是，很多研究著作并没有注意到这种区分的必要性。

凌宗伟：那么您能说说，您理解的"语文"作为整体性学科的名称，这个概念是如何界定的？

岳春光：对于"语文"作为整体性学科的名称，我的看法是逐步形成的。在认真思考语文学科建设的相关内容之前，我已经工作十多年了，偶然见到一篇同行的课堂实录，我发现其中存在一些教学设计问题和知识性的错误，但这篇实录却受到众多同行的赞誉。自那时起，我便意识到语文学科的教学工作存在很大问题，由此才开启我的思考之旅。

任何针对语文学科的思考，都要从中华人民共和国成立后由叶圣陶先生提议合"国语"和"国文"两科为"语文"一科开始，这是语文学科发展史上一个关键的节点。当时，为了解决一线教师对学科定位的困惑，叶老提出当下流行的解释："彼时同人之意，以为口头为'语'，书面为'文'，文本于语，不可偏指，故合言之。"什么叫"语文"？平时说的话叫口头语言，写在纸面上叫书面语言，"语"就是口头语言，"文"就是书面语言，把口头语言和书面语言连在一起说就叫"语文"。曾经有人不赞同叶老的这种表述，其实叶老这个解释只是为了解决当时广大一线教师对"语文"这个命名的困惑。作为一个教学方向,叶圣陶先生的这一说法只是从语言文字存在的不同样式出发阐释了"语文"的外在呈现状态——语文教学内容由口头和书面两部分组成,这是无可争议的事情。但这种解释并不足以指导语文教学工作的展开。也就是说,叶老只说了语文学科的一个表面现象,这种说法是对的,但叶老解释语文学科的方式,却在无意中造成了两种不良倾向:①以对学科名称的分析代替对学科内容的实质性考察;②无视学科具体内容,而试图以外部宽泛的概念定义语文学科或用抽象的话语揭示语文学科的属性。我想这种后果的出现肯定是叶老始料不及的。

刚开始思考"语文"时,我主要是想解决实际教学的问题。在思考的初期,我曾经一度认为,语文学科的问题出在了缺少文化内涵上,但随着思考的深入和阅读量的增加,我发现前面提到的多种"语文"的提法(语言文字、语言文学、语言文化),并不能让这个学科找到属于自己的主心骨,并且随着各方混战,语文学科变得越来越没有边界,越来越庞杂。由此,我意识到从字面上拆解"语文"这两个字,望文生义地进行解说,无异于盲人摸象。

在意识到"拆字法"无法诠释"语文"这个学科后不久,我受到了分析哲学的观点中"专名"理论的启发,简单地说，分析哲学家们倡导把逻辑上的专名和日常语言所使用的名称区分开来。我就想我们该从什么角度去看待"语文"这两个字呢？是应当按照学科专属的名称去研究它所辖学科的内容，还是应当依据日常语言的用法去理解阐释呢？我得到的结论无疑是前者，因为后者已经存在很多无用且无效的研究了，也容易产生前面提到的错误理解和错误要求。举"联想"一词来说明，我们日常使用这个词语，讲的是一种思考方式，但当有人拿"联想"注册了商标，我们就要转换思维，不能再用"一种思考方式"去解释该商标下企业所从事的业务了，对待语文学科也是这个道理。树立学科观念，要从摒弃作为缩略语词汇的"语文"开始。

其实，有一个更简单的理解路径可以参考。一个学科的名称跟它研究的内容并不是完全一致的，比如我们都知道"美学"这一学科，并不是讲如何打扮变美的，"美学"更多是研究人类的各种感觉。据说当年黑格尔的《美学》被翻译过来后，很多人到书店排队买这本书，买到手一看，根本看不懂这是一个典型的望文生义的实例。再退一步讲，我们看基础教育里的其他科目，英语、数学、物理、化学、生物等，这些科目的教学内容和范围并不能通过拆解其科目名称而得出，由此可见，试图拆解"语文"二字得出其学科定位有多荒唐了。

张志公先生有本《传统语文教育教材论——暨蒙学书目和书影》，可以说是研究传统语文教育的开山之作，我个人就是由这本书的前身《传统语文教育初探（附蒙学书目稿）》领进思考和研究语文教学的大门的。当年张先生的这本书给了我三大收获：一是中国传统语文教育中蕴藏着丰富的经验，而对这种经验的研究让我惊艳；二是面对茫无端绪的语文研究，我们如果能用更加科学的眼光去了解、分析古人留下的教学遗产，一定会为语文找出一条"回家之路"；三是我曾粗浅地用我当时学到的马斯洛的人本主义思想、布鲁纳的课程理论对照张先生对"三百千"（《三字经》《百家姓》《千字文》的合称）的研究，发现了很多相似的地方，由此找到传统教育的价值所在。另外说一句，张先生朴实自然、严谨踏实、娓娓而谈的行文风格也深深地影响了我，所以我写东西就是开门见山，很少引经据典。

由张先生的书文入门，我逐渐开始了知识溯源，正式阅读叶圣陶先生、朱自清先生关于语文方面的书籍，进而发现了夏丏尊先生，再由夏先生所经历的时代而注意到陈望道、阮真、高语罕、谭正璧、蒋伯潜、胡怀琛等在语文发展史上熠熠生辉的语文（国文）研究者。

啊，我好像说得有点远了。（凌宗伟：我觉得没远啊。）还是回到叶老的主张上来。叶圣陶先生是语文教育史上语文人绕不开的丰碑，叶先生的很多说法，如"例子说""习惯说""教育是农业"的比喻以及作文教学方面的诸多认识，在今天依然没有过时。只是由于时代的发展，我们需要结合当下对叶老的诸多说法予以重新认识和补充。比如"例子说"，在我看来这个说法在整体上是正确的，但没有进一步作区分。"例子"有什么用途呢？举例是为了说明一定的内容，而这个内容一般是每个人都知道的，但无论是教师还是学生，都并非处于"全知"状态，这就使我们的实际教学操作面临困难，即我们是应该通过讲解这个例子让学生了解例子本身，还是应该通过这个例子让学生掌握创造这种例子的方法——最起码在我这里有这样的疑惑。也就是说，在学习叶老诸多主张的同时，我们也要在已有学说的基础上进一步构建新的研究。

至于叶老其他有价值的主张，在教育科学出版社出版的《叶圣陶语文教育论集》（1980年初版，2015年再版）中可以说俯拾皆是，我以前在论坛上也做过一些摘录和札记，在这里就不展开论述了。我个人认为这本书是语文教师专业化的必读书。举一个例子，在《略谈学习国文》一文中，叶老提出中学学习国文的要求——"必须对于深的和精的也能对付，能驾御，才算能够尽量运用文字"，其实体现了中学语文学科教学的必要性，就是在效率上一定要高于小学。

而对"运用"的注重，也凸显了语文学科存在的价值——使学生在文字运用上有所长进，符合《新课标》中反复强调的运用的主题。当然我不是试图神化叶老，叶老的很多主张可以说是有前瞻性的，但有些设想却是基于古代书院教育经验，难免和我们现代学校的教学方式产生隔阂。还有像叶老所提"书面为文，口头为语"的教学方向，在今天必须由我们来厘清语文学科要教的是否仅限于规范使用汉字和标准普通话。

梅　香：就这个问题，我想请王雷老师也谈谈，在您的理解里，语文究竟是一门什么样的学科？语文究竟应该怎么教、怎么学？

王　雷：这个问题我也想多说几句。

语文学科的性质究竟是什么，语文学科究竟学什么，语文学科的价值和意义何在，语文学科应该怎么教学、怎么评价，等等，这些问题我们很少认真思考，更别说研究探讨、同行评议了。

那么，"语文"究竟是什么？

上海开放大学人文学院教授鲍鹏山说过一段话，我是基本赞同他的意见的——

在教育西化的过程中，我们干了一件坏事，什么坏事呢？就是把经典废除了，然后学校里有了特别古怪的一门课，就是"语文"。全世界都没有这门课，只有中国有。"加拿大没有语文课"，加拿大只有阅读课，就是一本一本读书。小学一年级一进教室，先给你发一本书，薄一点，内容简单一点，这本读完了再给你下一本；每个孩子进度不同，过段时间给你做一个阅读水平的测试。我们把孩子送到学校，从小学一年级，一直到高三毕业，12年的时间，语文课花掉的时间是最多的，但是请问你们让他读过一本完整的书吗？12年竟然没有读过一本完整的书！因为所有语文教材都不是书，顶多可以叫"杂志"，每本教材里选几十篇课文，这几十篇课文怎么样？还不能形成一个系统，都是古里古怪的文章、古里古怪的知识的大拼盘。

作为一门课程，"语文"学科究竟应该如何定位？

每门学科都有它内在的知识结构和体系，或者叫"知识框架"，这是把它跟其他学科区分开来的本质特征。每门学科都有它自己明确的任务（教学内容和教学目标），也就是你这门学科究竟教什么，究竟是干什么的。英语教什么？教词汇，教句型，教语法，教英文写作。数学教什么？教几何，教方程，教函数，教代数。老师们都很清楚要教什么，尽管他们可能不太清楚为什么要教这些东西。但语文这门学科很奇怪，我们一直不知道自己要教什么。一个都不知道要教什么的学科，能教好吗？

英语、数学等学科在内容上的区域性差别不大。只有语文，各个地方教的东西不尽相同，甚至全不相同。教材也不一样，教学内容大异其趣。比如你可以教十篇契诃夫的小说，而另一位老师却一篇也不教；你可以教《红楼梦》，引导学生读《红楼梦》原著，而有些地方甚至反对学生读《红楼梦》；某位老师可以花一学期的时间教学生读《卡拉马佐夫兄弟》，提问、讨论、交流、写读书笔记，忙得不亦乐乎，而有的学校呢，大多数学生包括有些语文教师恐怕都没听过这部小说。再比如说，同一篇课文，不同的老师有完全不同的处理方法，包括确定教学内容、教学目标和重难点等。也就是说，语文教学似乎没有统一的教学内容，大家自作主张，各行其是，八仙过海，各显神通。教"听说读写"是语文，教《卡拉马佐夫兄弟》也是语文，尽管两者有关联，但毕竟属于不同的"语文"。

据我了解，国外很多中学的课程体系里根本就没有语文课。它们有一门课叫"人文课"（与"科学课"相对应），就是广泛地阅读交流、深入地思考探究、热烈地讨论辩驳和练习跨越风格的写作。

介绍一个我所了解的国外中学的"课程指南"。

【培养目标】

学习者要努力使自己成为：（1）探究者；（2）知识渊博的人；（3）思考者；（4）交流者；（5）有原则的人；（6）胸襟开阔的人；（7）富有同情心的人；（8）敢于冒险的人；（9）全面发展的人；（10）反思者。

【知识领域】

学生必须探索这一系列知识领域，至少学习其中的8个方面，它们分别是：（1）数学；（2）自然科学；（3）人文科学；（4）艺术；（5）历史；（6）伦理学；（7）宗教知识体系；（8）土著知识体系。

这跟我们的学科分类体系是完全不一样的。我们的语文学科属于哪个知识领域呢？我想应该是一部分属于"人文学科"，而另一部分则属于"（文学）艺术"。

我还偶然得到过一本书，叫《认识论指南》，它把高中课程分为6个学术领域：（1）语言习得；（2）数学；（3）科学学科；（4）个体与社会；（5）语言与文学研究；（6）艺术学科。

在这个课程体系中，"语言习得"和"语言与文学研究"两者清楚地、明确地、毋庸置疑地分属于不同的学术领域（两者都提到"语言"，前者偏重于"日常语言"，后者则侧重于"文学语言"），而我们的"语文"课程把这两大学术领域混为一谈，这就造成了语文教学的混乱和低效。

梅　香：那您建议该如何解决问题，改变这一现状？

王　雷：其实有一个很简单的办法，就是把"语文"分解成两门课。

这个问题我很早以前就说过，当时我还认为是自己的创见，颇为兴奋。后来才知道，"语言"和"文学"分家的观点早就有人提过，在20世纪50年代，我们国家甚至还做过这方面的实验，但很快就夭折了。

凭着30多年的教学实践和反思，我越来越深刻且坚定地认识到让"语言"和"文学"分家的必要性和重要性。应该把"语文"分成两门课，一门是"语文"，另一门是"文学艺术"。

前者解决工具性的问题，就是解决"听说读写"的问题。这是一门人文科学，而且是一门基础的工具学科，其地位跟数学是一样的，是要经过系统的、严格的、科学的训练的，议论文写作便是如此，它跟文学性写作是完全不一样的。

后者属于"艺术"这个领域。艺术包括音乐、舞蹈、绘画、雕塑、建筑、文学艺术，等等。文学艺术（语文的一部分）主要是对文学作品的鉴赏和评论。我认为这部分"语文"（作为文学艺术的"语文"）不是所有人都必须学习的，要看各人的兴趣，就像音乐、美术一样。但是，作为人文科学和基础工具学科的"语文"是必须学的，就像数学一样。一个人如果缺乏基本的语文素养和数学思维恐怕很难适应现代社会的发展。

现在终于清楚了，学生学了十多年"语文"，他们的语文水平和语文能力为什么还这么差？或者说，语文教学的效率为什么还这么低？原来，我们根本就没有真正的"语文"教学！

语文课上我们在教什么？我们教政治，教思想，教道德，教文学，教抒情，却很少真正地教"语文"——"语言习得"。这里的"习"是练习，是实践，是严格的、科学的、有序的训练。我们没有专门的"听说"训练，没有专门的阅读训练，没有专门的写作训练！

当然，我所言专门的"听说"训练、专门的阅读训练和专门的写作训练，是指"语言习得"这门学科中的"听说读写"训练。"语言习得"与"语言和文学研究"这两门课要处理的对象或材料都是"语言"，但它们是两种不同的语言。前者是科学语言、日常语言，后者是文学语言、艺术语言，它们当然会互相影响，互相借鉴，但是不能混淆。比如说，论文写作要用平实、准确的语言，要求概念明确、条理清晰、逻辑严谨、论证充分，这时候就要尽量避免使用诗化的、朦胧的、抒情性的、象征性的文学语言。

在现实的语文教学中，学生的语言能力没有得到有效的训练，文学修养更是无从谈起。现在，到了把它们分开的时候了！

分开以后，两门课分别叫什么？为了叙述方便，我把前者叫"语言（习得）课"，后者叫"文学课"。如此一来，说到语言课，我们就可以理直气壮地大谈"工具性"，当然，它不只是"自然"工具，更是人文工具。

"语言"是一门应用学科，它的研究内容是"人的语言习得"，具体讲就是"听说读写"，它的认识方法是模仿和习得，它的本质特征是实践性。

"习（習）"是什么意思？就是小鸟振动翅膀练习飞翔，就是反复模仿、练习、实践的意思。像物理、化学需要实验一样，语文也需要实验，只不过它所用的材料是语言文字。像数理化一样，语言也需要练习、需要训练——大量的、严格的、科学的、有序的训练，以形成一定的语言能力。

熟练使用语言的能力是可以教，可以学，可以培养、训练、实践和提升的，这正是"语言课"要花大力气去做的事情。要通过"听说读写"的实践，不断地积累经验和感觉。

当然，也要讲授一些知识性和理论性的东西，例如要了解汉字的演化、结构和表意特征，汉语构词特点、造句特点、语法特点、逻辑特点、思维特点等。

这个课程从小学到高中贯穿始终，与另外一门课——文学课并行不悖，相辅相成。我相信经过12年的循序渐进的语言专项训练和实践，国民的说话水平会得到显著提升，各种语言垃圾和语言暴力不再有如今这么大的市场，各种语言腐败现象会得到有效遏制，各种"群"、各种"圈"也将得到净化，汉语将不再蒙羞。

梅　香：能否请您具体指点下"分家"以后两种"语文"如何开展读写教学？

王　雷：对应这两种"语文"，就有了两种阅读和两种写作。

凌宗伟：写作的问题我们后面讨论，先讨论阅读的问题如何？

王　雷：好的，我说的两种阅读是指"实用阅读"和"文学阅读"。

（一）实用阅读

实用阅读是为了实用之目的而读，是为了快速筛选和整合阅读材料中的有用信息，它有比较明确和直接的目的，有很强的针对性和实用性。比如读"产品说明书"，了解产品的性能、特点和使用方法；翻阅资料，快速找到自己需要的信息；等等。

这种阅读能力在生活、学习和工作中有着极其广泛的应用，尤其是在今天这样一个信息社会，学习无处不在、无时不在，这是一种十分重要的能力，一定要有专门的训练，应该成为必修课。

读专业书，提高专业素养；读非专业书，开阔自己的视野。两者都属于实用阅读。实用阅读的文本丰富多样，有连续性文本和非连续性文本，有说明性的，有论述性的，有科普文章，有科学论著，有跨学科阅读和跨媒介阅读，还有新闻、通讯、报道等。

实用阅读的方式、方法也是多样的，如浏览、翻阅、速读、略读、跳读、猜读、泛读、精读（实用阅读有时也需要精读、细读、研读、深度阅读），不一而足。再如找关键词，抓中心句，列提纲，做摘要，做思维导图，制作资料卡片等，这些都需要根据目的的不同，根据文本的特点，进行有效、有序的训练。

这种训练实际上不只是训练学生的阅读能力，也是在训练他们的思维能力、逻辑能力、科学态度以及做事的条理性和严谨性，甚至直接上升为一种工作能力和生活能力。

我常常感慨，学习也是生活，会学习的人一定也会生活；爱学习的人一定也是一个爱生活的人；学生在学习上是什么样的人，以后在工作和生活中也一定是同样的人。我们的学校教育应该通过教学帮助学生提升学习、生活的能力和生命的品质。

（二）文学阅读

"文学阅读"很重要，"语文是灵魂""语文是精神的延伸""语文关乎生活的品质和人生的圆满"等说法，主要是就文学阅读而言的。但是，文学阅读又没什么好说的，我们要做的只是把优秀的文学作品（完整的、原汁原味的、没有经过肢解和破坏的）放在学生面前。然后——

1.给他们时间（这一点最重要）；

2.不要乱解析，自以为是的分析只会败坏学生的兴味；

3.他们如果想说，让他们自己说，教师可以参与交流和分享。

我曾经编写过一套"小说读本"作为学生的课外读物，在那套读本的前言里，我写了一篇万字长文阐述了我的想法。我提出了一个概念，叫"小说教育"，而不是"小说教学"。我认为文学阅读，尤其是小说阅读意义重大，而我们的"文学类文本阅读"，从平时的教学到阅读，从训练到考试，从命题到阅卷，都存在严重问题，应该要反思改进。

凌宗伟：谢谢。关于"语文"是什么，各位都有自己的一些思考，我们也希望能够互相启发。

（二）

"母语"与"语文要素"探赜

凌宗伟： 我们在交流中曾谈及"母语"这个概念，关于"母语"，岳春光老师研究颇深，他对"母语"的理解也显然不同于那些做"母语教育"生意的老师。如果我记得没错的话，您的观点大致是说，语文教学教的是一个民族的"通用语"而不是"母语"。对此，我是比较认同的。2022年新颁布的《义务教育语文课程标准》是这样表达的："语文课程是一门学习国家通用语言文字运用的综合性、实践性课程。"不知道岳老师能不能对此做一个比较具体的阐述或比较呢？

岳春光： 关于"母语"和"语文"混淆的情况，据我观察是近20年来才开始出现的，我在读秀里搜索期刊和书籍，发现在2000年之前，人们在研究时很少把母语和语文等同起来。而在2000年之后，这种混用的情况就逐渐多起来了，这恐怕也是语文研究受到干扰和后继乏人的表现了。

要想澄清这个问题，就需要提到之前说过的语文学科发展史知识和区分意识了。

首先，我们可以先做一个概念上的区分。

"母语"是语言学的概念，所针对的是人在自然状态下习得的第一语言，这里区别最大的是语音，它的针对对象是个人或一个族群所使用的语言。在单一民族国家里，这个词语有很大的优势，因为对这个国家来说，通行的语言既是自己的母语，又是本国的通用语。

那语文教的是什么呢？我们只要看看语文学科发展史，从王照的《官话合声字母》到《汉语拼音方案》，从国语、国文的分置到"语文"的统一，从繁体字、异体字的繁杂混乱到规范简化字的明晰统一，就不难看出语文学科所教的是有国家统一标准的通用语，是中国各民族的共同语。

正因为我国是多民族国家，所以不宜使用母语来替代语文所教的通用语。当初朱邵禹、庄文中先生曾主编过一本比较各国语言教学状况的书，起名为《本国语文》，应该就是注意到了不同国家通用语言之间存在差别的缘故。

其次，从生活常识的角度来说，每个学生都是上学之后才开始学习语文的，包括标准的汉语拼音，规范的书写顺序，规范的简体字。这些内容绝非未入学的学生在自然状态下能够习得的——即便有一小部分学生在学前接触过这些知识，也是在家长或早教培训机构精心组织下接触到的。

也就是说，全国各地每年入学的一年级新生，他们是带着各地区方言的语音进入学校来学习语文的。拿这些方言和语文课教的内容相比较，哪种语言可称为他们的母语呢？无疑是前者，因为语文课所教的知识是这些学生后天习得的，而不是在自然状态下习得的。其实我们不妨想一想下面这个问题：如果我们把语文所教的内容称作母语，那么这些孩子在入学之前说的是什么语呢？此外，中国是一个多民族的国家，在少数民族地区开设的语文课也只能用通用语、共同语开展教学，因而不能称作母语课。至于汉民族地区，由于方言的实际存在，语文课也不能叫作母语课。

再者，从语言性质来看，语文课承担的教学任务主要是现代标准汉语（即普通话）的教学。而普通话的定义是以北京语音为标准音，以北方官话为基础方言，以典范的现代白话文著作为语法规范的通用语。在这个定义里有几个关键词——"标准音""北方官话""通用语"，通过这几个词我们发现语文所教的其实是一种"人为规定"出来的语言，而且看不到母语的那种自然状态、小范围的特征，所以把普通话说成所有人的母语也是不合适的。

最后，从国家政策和举措上看，《中华人民共和国宪法》第十九条规定"国家推广全国通用的普通话"，《中华人民共和国教育法》第十二条规定"国家通用语言文字为学校及其他教育机构的基本教育教学语言文字，学校及其他教育机构应当使用国家通用语言文字进行教育教学"，《特殊教育学校暂行规程》第六条规定"学校应当推广使用全国通用的普通话和规范字以及国家推行的盲文、手语。招收少数民族学生为主的学校，可使用本民族或当地民族通用语言文字和盲文、手语进行教学"，《中华人民共和国义务教育法实施细则》第二十四条规定"实施义务教育的学校在教育教学和各种活动中，应当推广使用全国通用的普通话。师范院校的教育教学和各种活动应当使用普通话"。1994年开始的普通话水平测试对语文教师的普通话要求不低于二级甲等。1998年经国务院批准，每年9月的第三周被定为全国推广普通话宣传周。

从上述法律法规和国家举措上来看，推广作为通用语的普通话，是国家的战略方针。语文教师作为受聘于国家的公职人员，理应贯彻国家的方针政策，把推广规范的普通话作为自己的教学责任。

其实，在混淆母语和语文之前，有一个叫法更准确一些，即"祖国语言文字"，这个叫法强调了语文课所教的不是个人或某一民族的母语，而是祖国范围内规范化、标准化的通用性质的语言文字。

总而言之，如果不在语文学科范围内建立学科观念，不使用规范的术语来描述学科内容，任由外部概念随意进出语文教学领域的话，语文课的教学将会迷失在无休止的混沌当中。

凌宗伟：来来来，晓晖，你要不要反驳一下？

罗晓晖：就一种语言来说，最基础、最重要的便是词汇。思维是以概念为基础的，所有的概念都是以词汇的形式表达，而不是以语音的形式表达。我们思考问题，是用母语进行的。你我都是汉族，我们的母语是汉语，我们都是用汉语在思考问题。我知道你的南通话和我的四川话语音不同，同一个词语的发音不同，但当我们用不同的语音讲出"人类"这个词的时候，我们所表达的意思却是一样的。

中国地域广大，不同地区的人们在同一个汉语词汇上的发音差异可能也很大。就算是四川话，在四川不同区域的人们，其发音可能都存在着比较明显的差异，但这无关紧要。母语是人在自然状态下习得的第一语言，深刻地嵌入了人们的思维。它提供的指称事物的词汇系统，构成了我们思考的基础。在这个意义上，母语最重要的是语词，而不是语音。语音对于通用语很重要，也就是对于学习普通话很重要，但对语文学习而言它并不是关键部分。语文学习的关键是建立在汉语词汇基础上的汉语的表达体系，这个体系涵盖了思想、语言、文学、文化的方方面面。

凌宗伟：谢谢！但普通话，不单单是统一了语音。我就不多讲了，下面请唐缨老师就这个话题谈谈看法。

唐　缨：2019年，一部名为《词典》的韩国电影引起了一些中国观众的关注，当然也引起了很多人的"不爽"。这部电影以20世纪40年代日据时期的朝鲜半岛为背景，写一群小人物如何在朝鲜语被禁用禁说的严酷形势下，秘密编纂朝鲜语词典的故事。这在韩国历史上是确有其事的，朝鲜语学会的成员甚至为此付出了生命的代价。或许我们有些同胞会疑惑，朝鲜半岛区区弹丸之地，有必要拍这种故事吗？可人家不但拍了，而且拍出了一部动人的主旋律电影。一群人，守住自己的母语，也就守住了自己的历史与文化，守住了特定族群中人的魂魄。"有人的地方就有语言，有语言汇聚的地方就有思想"，这不仅是电影中的一句台词，也在真实生活中时刻上演着。

我从来不担心汉语（以汉字为载体）会衰亡，从语言学的角度来看，它是地球上最庞大的孤立语，汉字是单一民族使用人口最多的文字，无论什么时候它都不可能消亡或被替代。但是在近30年的教学生涯中，我非常清楚地看到一代代学生，对中文的掌握与运用能力，是普遍呈下降趋势的。对于以往许多被视为常识的东西，他们步得非常生疏；对于许多应该信手拈来的东西，他们需要反复训练。能在快速阅读中迅速把握文字精髓与背后意义，在写作中既合乎表达规范又充满个性的学生，更是越来越少。倒不是说现在的学生变得不爱国不爱学习，而是强大的应试教育导致他们没有足够的时间去阅读，去品味，去琢磨，去表达，总是以应付作业和考试为第一要务，长此以往，母语能力变得平庸是必然的事（但据我观察，学生的外语能力也并没有因此成长）。所以我们经常会看到许多学生在赏析一首古诗词时瞠目结舌，在阅读一篇皮里阳秋的小说时麻木迟钝。傅国涌先生曾提出"以纯正的母语与世界对话"，我们如今离这个目标却越来越远了。

母语不是一个概念，使用者不必去研究它的内涵和外延，作为多数族群的汉族，我们只需知道，我们说的是汉语，它会表现为标准化的普通话和多姿多彩的各种方言，同时它们都统一在"汉字"这个根上。用汉字书写，用普通话或方言说话，这就是我们的母语。可是随着大迁徙时代的来临，坐在我课堂里的、不会说家乡话也不会说居住地方言的学生，不知凡几！所以你就能看到，他们对家乡是无感的，同时对现居住地也是无感的，这时候你要他们珍惜母语、感受母语，从何谈起？他们只觉得用简体字写完作业和试卷就可以了。曾经有人指出，当前的所谓"母语危机"，本质上不是外患，而是内忧。所谓外患，是指外语和网络语的冲击而导致母语不纯、品质下降，我认为这殆同杞人忧天。所谓内忧，是指语言文字缺乏文化支撑、走向千篇一律，以致再也无法承载独立思想与精神的表达需求。

纳博科夫曾说过这样的话："从俄罗斯散文彻底转到英语散文是件极痛苦的事，就像爆炸中失去了七八个手指之后重新学会握东西。"表达的就是一个人被迫脱离母语之后的无限痛苦。但我们广大的教师、家长和学生，怎么可能会有如此认识！一些人总要拿鲁迅那代人的"汉字不灭，中华必亡"论来辩驳，可这些人又何尝能像鲁迅那代人一样，写一手好毛笔字，作得一手好诗词，甚至像鲁迅那样即使不提倡骈文也能写得一手好骈文，如收录于《集外集》的《〈淑姿的信〉序》。

凌宗伟："语文要素"这个术语也很火，对此春光老师也发表过一些高见，能不能在这里阐释一下呢？

岳春光："语文要素"这个提法，我理解它是广大语文研究者在经历漫长且无果的学科名称争论后的新诉求，即试图通过发掘语文学科内的要素来定位语文学科。

要解答这种诉求，我觉得还是要从建立属于语文的学科观念入手。

首先，要准确定位"语文学科"，不能按照前面说的缩略语转换去要求语文学科，因为那样"语文要素"就会变成"语言文字要素""语言文学要素""语言文化要素"了——泛化的行为只会徒添误导。

其次，要准确定位"属于语文学科的要素"。从我们熟悉的"记叙文六要素""议论文三要素"来看，不难看出，要素是含在具体的文体概念之中的，并且是足以体现文体独特性的最基本的组成部分。

由此我们知道，如果要寻找"语文要素"，需要满足"学科本身具有""能反映学科独特性"这两个基础条件。

那么属于语文学科的要素有哪些呢？我理解语文学科的要素，最起码要有以下三个方面：

1.现代标准汉语（普通话）。我们评价一个人的语文好不好，往往是看这个人能不能写出工整的简体字、能不能说一口流利的普通话。语文学科也只负责培养学生这方面的运用能力。现在有不少老师喜欢写繁体字，只是将其视为爱好的话倒也无妨，但繁体字并不是语文学科要负责的教学内容，不适用于课堂教学，且和语文教师作为国家规范文字的传播者的身份相冲突。由此引申，让学生用文言文创作，读没有标点的繁体字古籍，搞方言吟诵等行为都是要受到此要素的排斥的。

2.基础性、通用性。由于受到学生成长的限制，语文学科在内容上必然有所取舍。具体表现在以3500个常用字为基础，以满足日常生活需要为目标的教学过程中。在语文设科初期，适合语文教学的文章是非常少的，这就是以叶圣陶先生为代表的前辈语文人会自编教材进行教学的原因，也是后来语文教材的编辑者对入选教材的文章进行一定程度的删改的原因。很多文章虽然本身遣词造句很优美，内容也很丰富，但并不适宜原封不动地搬进课本供初学者学习。此外，前一阶段作文教学中风行的文艺腔和哲学腔，也不该成为语文教学的导向，因为语文学科不负责培养附庸风雅和故作高深的学生。

3.提高学生运用语言文字规律的能力。语文学科的目的并不只在规范文字和统一语音上，使用规范文字和标准语言是为了全国各族人民能广泛地交流。当然，这里我使用的是"语言文字规律"，而不是"语文学科规律"，因为"规律"从其他任何形式的语言文字里都可以学到。我们让学生读文言文，可以移用其中可用的规律来规范自己的表达。学生学英语时，也可以把从英语中学到的布局谋篇用到自己的规范表达中去。然而，虽然语言文字规律是开放的，但是语文学科的要素则必须聚焦于"提高学生运用语言文字规律的能力"——这是此学科存在的独特价值。

现在有的教师试着向语文学科中引进逻辑学、文艺学知识、写作学知识、批判性思维等，且不说这些需要专门研究的内容已经不符合前面提到的基础性和通用性了，单说聚焦"学生运用语言文字规律的能力"这一点，恐怕这些知识"尚未交锋，就已经败下阵来了"。

关于语文要素，目前我能想到的只有这三个，姑且算作"一家之言"。但守住上面这三个要素的话，可以帮助我们看清当下的诸多语文现象。比如，随着课程改革的深入，很多大学里的教授和博士带着各自的研究课题进入中小学语文教学领域。得到高学历人才的理论指导对于提升中小学的语文教学水平本应是件好事，但就目前的结果来看，基本上是事与愿违的。究其原因，就是大学教授和博士很难关注到以上三个要素，错把自己研究的方向当作值得推广的内容了。要知道学术研究往往只是试图去解决一些难题，但实际上并不能如实地反映现实，所以那些研究大多无法提供切实的方案，而只是构建一种学术研究的向度。这种"窄而深"的研究，很难做到没有偏差，也很难普及。我想，如果这些来自大学的研究者，能够既重视语文学科的上述要素，又在研究方法上对中小学教师给予规范和切实的指导，那结果一定是比较完美的。

凌宗伟：是的，语文学科乃至其他学科，常常会出现这些"窄而深"的研究，一般情况下从事实际教学的中小学语文教师在研究方面是力不从心的。而从事理论研究的学者，往往又缺乏具体的实践体验——我这里说的是中小学语文教学的实际体验。所以，语文教师群体包括语文名师，在发表一些教学言论时，还是要秉持想清楚、说明白、做到位的基本伦理。

（三）

语文学科教学的基本要求

凌宗伟：关于语文学科的学习要求，《新课标》对必修课程学习提出了六个方面的基本要求，对选择性必修和选修课程学习提出了四个方面的要求。在具体的教学实践中，语文教师究竟如何才能有效地帮助学生学好语文，是每一位教师都要认真思考的问题，那么语文教学究竟有哪些最为基本的要求或规范？我首先想听听汪政老师的意见。汪老师不仅教过中学语文，也教过中师语文、大学语文。我想他的意见可能会给我们带来许多思考。

汪　政：语文学习的规律有很多。首先要从大处着眼，学习语文就是学习思想、砥砺精神，就是学习生活，从生活中学习语文。其次就是抓住语文能力这一关键，朴素地说，语文能力就是听、说、读、写。现在对语文能力有许多表述，但最后都要回到"听说读写"上，将其落到实处。这四个字不简单，而且弹性很大，是最基础的语文能力，也是永远没有尽头的能力，相对性很大。所以，学习语文，在这四种能力上永远不能满足。

关于语文有多重要，我想多说几句。我们都知道语文重要，但语文的重要性究竟在哪里，又该如何表述？我认为如果一个社会是好的，那么它的语文一定是好的。如果一个社会是坏的，或者说这个社会出了问题，那么它的语文也一定是坏的，也是出了问题的。"坏语文"的问题许多学者都谈过，如卡尔维诺、奥威尔、乔姆斯基等。毛泽东也多次批判过"坏语文"，《改造我们的学习》《反对党八股》等都是批判"坏语文"的。一个社会的风气首先就体现在语文风气上，社会成员是否好好说话，是否好好写文章，有无好的话风与文风，都是一个社会与时代好或坏的标志。如果我们仔细观察一下，就会发现许多社会矛盾都源于缺乏好的语文沟通，人们在倾听和表达能力上存在问题。比如医患纠纷，若医生不好好说话，多说一句都嫌烦，而患者或患者家属也不认真听，再加上专业障碍，又听不明白，便容易发生口角。矛盾产生后就更需要语文了，这时的语文不仅是表达与倾听，而且要做出选择。因为话语，包括词汇，是与人的情感相连的，所谓"一句话说得人笑，一句话说得人跳"即是如此，而其中涉及的最根本的问题是一个人的语文伦理。有时，话语障碍与双方的语文水平无关，但与一个人的语文道德、语文伦理有关。比如，语文的目的是交流与沟通，但如果一个人就是不想好好说话，就是不愿意让人听明白，他甚至把语文手段与方法用在不正确的语文目的上，以此拒绝你，让你愤怒或悲伤，你怎么办？看看网络上的那些所谓"喷子"，他们就是不愿意好好说话，就是想发泄，就是想激怒别人，这已经成为一种话语常态，一种畸形的语文态度与语文心理。为什么如今社会戾气越来越重？为什么国民受教育程度和社会成员的语文水平看上去都提高了，却仍没一个和谐的语文交往氛围？人们被一种怨怼的话语风格裹挟了，甚至连校园都处在一种紧张的语文氛围中，这实在令人担忧。从历史上看，如果一个社会充斥着专制、虚伪、狡诈、阴谋、构陷、谩骂、张狂、愤怒、威胁……那不仅是社会问题，也是语文问题。在这样的社会里，人的语文人格教育是缺失的，优雅的语文作品也不复存在。要知道，没有天生的好语文。而好的语文一旦缺失，"坏语文"就横行天下了。

提倡语文的工具性与人文性的统一固然很好，但要在语文教学与实践中落到实处却不容易。我一贯主张，判断一个人语文水平的高低不仅要看他的语文积累，比如能背诵多少诗文，更重要的是他的语文应用能力，应用不是纸上谈兵，而是付诸生活实际的，也就是运用语文来解决社会生活中的问题。人们为什么喜欢且尊敬袁隆平、张文宏？原因之一就是他们的语文水平高，能成功地运用语文阐明各自领域的问题，并解决问题。人们只要一听张文宏说话，心就定了，就放心了，不再焦虑和恐惧。他的真诚，他的真实，他的理解，他的善意，他的耐心，他的幽默，他的自嘲，他的喜剧式的话风，都充满了堂堂正正的语文精神，充满了语文的魅力，他将语文的交际功能发挥到了极致。这是一个语文水平极高的医生，他能用语文解决他面临的医学与医疗问题。这样的人不仅在本专业成就卓著，而且能享受高质量的语文生活。我们学语文的目的是什么？我们教语文的目的是什么？教和学是为了一个共同的目标，就是能拥有高质量的语文生活，而且，这种高质量的语文生活不仅在未来，还在当下。从当下开始，学习语文本身就应该成为有质量的语文生活，如果我们的教学达不到这一点，就有违语文的本性，可惜许多从事语文教育的人不明白、也不愿意明白这个道理。人为地放弃语文生活，放弃语文教育与学习的目标，割裂语文与社会生活的关联，不从社会生活出发进行语文教育，培养出的只会是一些看上去语文成绩很好却讨厌语文、缺乏语文生活的人。这样的语文人，不但在语文中没有创造，还常常会用错语文，何谈享有高质量的语文生活？这样的人多了，这个社会不但不会有精彩的语文生活，还可能造成语文的灾难。

凌宗伟：感谢汪老师！汪老师紧扣语文学科的特质强调了语文学习首先要从大处着眼，学习语文就是学习思想、砥砺精神，就是学习生活，从生活中学习语文。其次要抓住语文能力这个关键，以听、说、读、写为本。我理解，语文教学必须致力于提升学生的听、说、读、写能力，而提升这些能力的有效途径就是"听说读写"。"听说读写"的背后是思维素养，理解与表达的背后是情感态度与价值观，是文化素养与审美取向。

接下来，我想听听罗晓晖老师对这个问题的看法。我在罗老师的《高中作文要义——思维、材料和技巧》一书的"序言"中看到这样的表述："本书严格遵循两项原则：第一，不要害人；第二，要有实效。"对此感慨颇深，一直以来我都有这样的观点，一个语文教师最好别害人，但实际的情况是，不害人基本是不可能的，那就尽可能少害人吧。您能不能展开说说，作为语文教师如何才能少害人、不害人呢？不好意思，我有点想改变您的观点——大概也是做老师的通病，但愿您没有。

罗晓晖：谢谢，您的这个提问朴实且客气。说客气，是指您一时间不可能改变我的观点，我相信您也不会有试图改变我的观点的用意，因为这是做不到的。说朴实，是因为这是一个回归基本面的问题。教育教学的立足点是"树人"，也就是成全人，而不是危害人。

凌宗伟：哈哈，我没想过要改变任何人的观点。

罗晓晖：我说"不要害人"，言外之意就是目前的语文教学很有可能是"害人"的。语文教学中"害人"的现象，在我看来比比皆是。教师"害人"，所指当然不是用棍棒给学生造成身体伤害，而是用冷漠、教条、无知等种种方式给学生带来心理的、精神的伤害。冷漠的伤害显而易见，教条的伤害不用多说，我主要谈谈我们因无知而给学生带来的伤害。

我相信，教师对学生，在主观上是不会有害人之心的；不仅没有害人的动机，甚至还有成人之美的愿望。那么，教师如何去"害"学生呢？教师对学生的伤害多数是无心的伤害，主因是教师自身的无知。

韩愈说教师是"传道授业解惑"的人，也只有具备了担负传道授业解惑之使命的能力，教师才有资格被视为"阳光下最光辉的职业"。这个要求很高，实际上，我们的教师远未达到这样的要求，我同意您的说法，"不害人基本是不可能的"。这样说来，您的问题的答案已然明了：教师要减少害人，就得减少无知；要减少无知，就要进德修业。

您提出的这个问题很重要，我想不单是针对语文教师，而是针对所有教师来回答这个问题。

第一，发心良善。要发心去成人之美，不辜负学生对我们的信任和期待。我们未必能对学生视如己出，但要怀有慈悲心。

第二，最重要的，如刚才所说，要进德修业，减少无知。

第一点问题不大，教师对学生基本上都是善意的，区别不外乎程度的不同，所以不必多说。我想重点说说第二点。我所说的"无知"，并不是指教师完全没有知识。我的意思是说，教师的知识是有限的，这种有限会放大教师自身的局限性，并导致教学中出现种种问题，从而危害学生。

进德修业是根本。我认为，教师自身努力学习，在知识学问、对宇宙人生的领悟上有所长进，这既是进德，也是修业。所谓"知识就是德行"，是指一个人的觉醒程度越高，德行就越高。教师要有德，必先要有知。《大学》里讲"格物致知"，随后是"诚意正心"，最后方能"修身、齐家、治国、平天下"。无知者是谈不上有德行的，修业也是通过学习来实现的，教师作为专业工作者当然需要竭尽所能增益自己的知识。

那么问题来了：一个人包括教师在内，其知识永远是有限的，而进德修业是永无止境的，在教育教学中应该怎么办？我们还有底气去从事教育教学吗？我觉得前人有两句话给出了答案。

第一句是孔子说的，"知之为知之，不知为不知"。在教育教学中，教师要诚实地面对学生，要诚实地对待知识，知道就是知道，不知道就是不知道。把自己当作跟学生一样的学习者，用不着打肿脸充胖子。师生都是人，教师并非无所不知的神，老师的认知也存在"天花板"，学生对此其实是能够理解的。

第二句是维特根斯坦说的，"凡是可以说的东西都可以说得清楚；对于不能谈论的东西必须保持沉默"。维特根斯坦这话有他自己的意思，我此处的引用未必准确，但想用来说明一个道理——我们得承认，认知是有边界或限度的，我们应向学生传授可被明确认知的知识，而对于超过个体认知的部分，须保持足够的慎重。当我们不知道该怎么说怎么做时，最好的选择就是不说也不做。

简单地说，在教育教学中，我们只能讲授被我们确认为"真"的那部分；对于我们推测为"真"的那部分，对于我们自己主观上相信的价值，我们有必要明确告诉学生，那仅仅是我们的推测或信念。我们得向学生承认，我们所知是有限的，这样就可以最大限度地确保学生不被误导。误导学生，就是害人。

我常说，教师无能便是失德。学生来到我们这里，是谋成长谋发展的，如果我们的教育教学水平太低，教不好书，无法促进学生健康地发展与成长，这就是辜负学生，这就是"失德"。我们现在很喜欢讲师德，但通常都没讲到根本上，最大的师德问题就是教师的无知。无知非常可怕，更可怕的是无知而不学习，无知而假装有知。

顺便说一句，您想改变我的观点，您说这大概是"做老师的通病"，我完全理解。既然是通病，我也不例外。我想告诉您的是，我不但有此"病"，而且病得很严重。我的性格中有急躁和激进的一面，我强烈地想改变学生，我相信教育的目的就是寻求有意义的改变。

凌宗伟：能不能解释下您的一个观点，为什么说"'误尽苍生是语文'，这是棒杀；'得语文者得天下'，这是捧杀"？

罗晓晖：作为语文教师，听到"误尽苍生是语文"，觉得语文被人责骂，肯定冒火；而听到"得语文者得天下"，觉得语文很重要，心头可能有几分欢喜。"误尽苍生是语文"，这是朝语文打棍子，泼脏水，是"棒杀"。语文真有那么大的能量，那么大的罪恶，能"误尽苍生"？有没有谁"误尽苍生"？可能有，但那肯定不是语文。想让语文来"背黑锅"，我觉得很可恶。

语文教学中确实存在不良现象，但那也基本上是无心之恶。这些恶大抵是小恶，不是大奸大恶，谈不上"误尽苍生"。

"得语文者得天下"，这话很好听，表面上是把语文捧起来，实质则是企图让语文背负更大更多的责任，所以是"捧杀"。捧得越高，摔得越痛。"棒杀"是直接用棍棒来害你，"捧杀"是用抬举你的方式来害你。

我能理解大家对语文的期待，但我要说，对语文抱着不切实际的期待是不合适的。语文没有那么厉害，语文的学科地位不会也不该有那么高。我们身为语文教师，理应保持清醒。

凌宗伟：您与冯胜兰老师合著的一本书叫作《追求更高品质的阅读教学——中学语文名师课例深度剖析》，你们居然声称"这是一本呼吁教师保持理性的书""这是一本敦促名师保持谦逊的书""这是一本希望语文老师一起来探讨阅读教学品质的书"。您觉得这么说是否有些过火呢？我看到这些文字时，心想语文圈子里的名师对我这个"凌扒皮"已经十分讨厌了，你们居然还白纸黑字让他们保持谦逊，岂不显得狂狷？

罗晓晖：在学科面前，所有教师都是平等的。我一点儿也不觉得这样做是过火的，我是很真诚地对待学科和学科教学的，坦坦荡荡，没有任何蛮横或自得、不安或羞愧。

我是依据理性分析来对待那些课例的。尽管能力有限，但我至少在努力警惕自己的局限，以及可能存在的偏见。我跟这本书里提及的名师们，不存在任何个人恩怨。他们中的绝大多数，我一次都没见过。其中的一些老师，我还相当尊敬他们，比如郭初阳、韩军，他们有自己的见解和想法，这是可贵的；作为语文教师，他们的创造力还是蛮不错的。

岂止名师，任何人都应该保持谦逊。"谦虚谨慎，戒骄戒躁"，这是伟人的教导，越是名师，越有必要保持谦逊，是不是？很多哲人都表达过类似的看法：一个人知道得越多，越能发现自己的无知。这就是为什么水平越高的人越谦逊——这种谦逊并不是故作姿态，而是真诚的，对知识和真理怀有敬畏。

更何况，名师们确实有必要保持谦逊。以我的水平，都能看出他们的课例中存在那么多问题，有些还是知识性"硬伤"。在这种情况下，能不谦逊一点吗？谦逊对于他们来说是明智的。那本书出版至今已多次加印，书中提到的几位名师没有一个跳出来向我讨要说法，这说明他们还是比较谦逊的嘛。

保持理性，这是对学科教师的基本要求。学科本身就是一个理性的体系，学科教学要具有理性，这是显而易见的；对普通语文教师而言，对名师及其课例、讲座等保持理性，似乎并不容易。在一个自古便崇尚"名"的文化环境中，名师更容易获得某种权威性；在一片相对缺乏独立思考的文化土壤上，权威则容易滋长出不加思考的臣服。而丧失理性判断、缺乏独立思考的风险之大，是难以估量的，对于教师来说尤其如此。

教师是知识分子，服从真理是我们的义务；不臣服于真理之外的其他任何东西，同样是我们的义务，这应当成为我们的信念。

我知道您号称"凌扒皮"，其实这个称号有点名不副实。我看过您写的一些文章，您并没有扒掉谁的皮，只是扒掉了他们身上那件并不存在的"皇帝的新衣"。如果"凌扒皮"真的因此被语文圈子里的某些名师讨厌，我认为那是您的荣光。

我还得补充一下，"狂狷"是我喜欢的词，圣人说"宁为狂狷，毋为乡愿"，知识分子须得求真，求真总须明是非、辨真伪才行。好好先生和"变色龙"，做不得。

凌宗伟：晓晖刚才提到韩军和郭初阳，您怎么看郭老师的课堂民主，又如何看韩老师对《背影》的解读？

罗晓晖：我很难回答您的这个问题，因为我对这两位老师并不怎么了解，我的了解仅限于看过的几个课堂实录和散见的几篇文章。

郭老师的课堂民主，其具体主张是什么，我不清楚。我的看法是，学生之间是平等的，学生和教师在人格尊严上也是平等的，但学生和教师在学科修养上是不对等的，学生有必要尊敬老师并在多数时候听取师言。在知识面前，师生是平等的。"课堂民主"是什么意思？课堂是探讨知识和真理的地方，课堂民主难道是让大家来投票决定什么是正确的知识吗？显然不是。如果课堂民主是指师生都有平等的权利来发表个人见解，这是对的；但每个人的见解是否真确，则是另外一码事，这事也不是民主程序可以决定的。

关于韩老师对《背影》的解读，我和冯胜兰在《追求更高品质的阅读教学——中学语文名师课例深度剖析》一书中已经发表过充分的意见，这里就不多说了。

凌宗伟：狡猾！扒不到您，算了，哈哈！

我认为晓晖老师主张的"不害人"更多是从教学伦理视角来谈语文教学的基本要求的。记不得哪位也表达过类似的观点，说得更直白一些，大致意思是一个孩子一旦遇到某个差老师教上三年，一辈子就给毁了。而"要有效"的意思是教育的效能只能发生在特定的条件下，教师再厉害，如果学生没有相应的天赋也是枉然。回到前面汪老师说的"学习语文，在听、说、读、写四种能力上永远不能满足"的观点，所谓"有效"是不是可以理解为，任何一个学生的识字、写字、阅读、写作、口语交际以及思维能力的提升，在很大程度上就不是教师可以授予的，更何况我们这些语文老师自己的阅读理解能力与写作水平就摆在那里。或许我们对自己的阅读理解与写作水准是信心满满的，但千万不要忘了，离开了具体的语言实践活动，你教的"屠龙术"再详细也不可能转化为学生的语文能力，有效的语文教学无非让学生多读多写，多比较，多思考，日积月累，在大量的语文实践中形成具体的"听说读写"能力。

罗晓晖：是的，"不害人"是对教学的伦理要求，"要有效"是对教学的行为要求，同时也是对教学的伦理要求。教学必须追求有效，如果无效，学生干吗还坐在那里浪费时间？浪费别人的时间就是谋财害命，这就是个伦理问题。是否有效确实取决于多方面的因素，学生之间由于智力和非智力因素的差异，不可控的情况居多，教师自主可控的是自己。所有的教学研究，不都是为了使教学更有效吗？

凌宗伟：是的。下面我想请郑朝晖老师来谈谈。郑老师好，久仰！我知道您，是因为参与《十位名师教〈老王〉》一书的编写。在那堂课上我看到您十分重视让学生通过文本阅读理解作者运用语言文字的技艺，并在此基础上提升对文本主旨的理解。也就是说，您是十分看重语文教学的基本要求的，能否具体谈谈您对语文教学的基本要求的理解？

郑朝晖：凌老师好，说到语文教学，其实我自己也很惭愧，浑浑噩噩教了三十多年书，直至最近，似乎才对语文教学有了自以为相对清醒的认识。概括起来，也就是三个字——"基础性"。这里面可以分三个层次来说，首先，语文学科教学是基础教育阶段的教学，从阶段特点上来看，应该秉持"基础性"。不要追求繁难险怪，而要在培养学生良好的语言习惯上下功夫。这其实不是自贬身价，恰恰是觉得"兹事体大"，一个人的生活品质，乃至一个民族的生存发展，所赖于"习惯"者甚重，不可轻慢待之。一个人或者一个社会的语用习惯，展现的就是一个人或者一个民族的整体的精神气质与生活态度，粗鄙的言语展现的一定是粗鄙的灵魂。基础教育就是为未成年人奠定生命基调的教育，语文教师不是在这里斗怪争奇，而是从提升学生语言品质方面去做切实的工作。好的语言习惯，简而言之就是规范、准确、得体。若能更进一步则是优雅，再进一步就是有个性。但我觉得"师傅领进门"主要指的是前三个方面。优雅，是需要耳濡目染的，是有赖于整个民族的文化氛围的；而"个性"的养成则需要学习者在学习过程中不断发现自己。现在的问题是，我们语文教学常常忘记了自己的"基础性"，忘记了语言文字是和生命品质相关的，只把它看作一门可以"挣分"的学科，死记硬背，机械操练，这是语文教学的异化。

其次，语文教学的基础性还表现在基础教育的课程结构中，它是其他学科学习的基础。所以，语文教学切不可故步自封，将自己困在狭小的圈子里，而是要积极地开放自己，主动与其他学科进行对接，基础教育设立的学科只是帮助学生完整理解世界的"便宜法门"，唯有融会贯通才能对世界有一个较为清晰的认识。而语文学科所学习的内容，无论是理解还是表达，以及在价值层面形成的认知与经验，都将成为其他学科学习的重要基础。此外，语文和其他学科既然都是对世界的反映，就应该互为表里，让学生通过课程学习建构起自己对世界的相对完整的理解与认识。

最后，从学科内部来讲，语文学习的"基础性"主要体现在"经验性"上，对语言文字、文章、文学做精深的学术研究恐怕不能算作语文教学的主要任务，积累语用经验、养成良好的语用习惯才是语文教学应该追求的目标。经验的积累，习惯的养成，仅靠教师的"舌灿莲花"是无法实现的，"绝知此事要躬行"，因此"经"（经历）"验"（实践）

的过程，对学生来说是语文学习的最主要的方法，我们教师的责任就是促进这样的"经"与"验"的发生。而且，学生学语文就是学会有效的语言理解与语言表达。至于在此基础上如何发展，既有个人禀赋的问题，也有发展需求和发展机遇的问题，恐怕语文教师也做不了主，我的意思是，我们能将自己的事情做好已经很了不起了。

凌宗伟：也就是说，您认为语文学科是围绕学生语言经验的习得而展开的？能不能说得具体一点？

郑朝晖：语文教学是围绕学生语言经验的习得来展开的，衡量语文教学成功与否，有且只有一个标准，就是学生的语言实践能力是否有所提高。关于语文课程的性质，争来争去几十年了，其实几乎都是伪命题，都没有从对教学内容的关心转向对学习者本身的关心。事实上，究竟是从技术的角度还是从价值的角度看语文的性质，学界各执己见，似乎壁垒森严，却没有意识到，一个人运用语言的过程就是融价值与技术于一体的，两者结合之紧密程度甚至是我们无法想象的。有什么样的民族语言，就有什么样的民族文化和民族生活；反之，有什么样的民族文化和民族生活，就有什么样的民族语言。

语文界将语文教学理论表述得越复杂，可能就离真正的语文教学越远。（凌宗伟：深有同感，当下还真有越来越复杂的趋势。）我现在越来越坚信，要让语文的教学生态变得健康，关键是理论要简单一点，追求要单纯一点，而实践要丰满一点。比如回到语言学习最基本的要求，养成阅读与正确表达的习惯，培养良好的语用习惯。而所谓的习惯，其实就是相对稳定的经验。所以，对语文学习而言，经验的习得与固化才是最关键的。

为什么语文教学内容至今还是"文选"型，就是因为语言活动从基础教育的阶段来看就应该是经验活动，在"心追手摹"里积累经验，在经验的积累、分析中构建自己的语用经验。就比如现在不少人也喜欢诌一些五言七言的句子，虽然并不符合格律的要求，但有些也像那么一回事儿，其实就是他们粗浅的唐诗宋词的阅读经验在发挥作用，如果再多读一点，知道一点基本的诗词格律，那么他们的诗词写作就会精进不少；但如果自己不读不揣摩，向他们灌输再多唐诗宋词的格律规则其实也是无济于事的。这就是经验在语言学习中发挥作用的很好的例子。现在大家对《新课标》有很多复杂的解读，但依我之见，无非是打好"听说读写"的基础而已。

当然，语文学科的"经验"是结构化了的，是具有"典型性"的。比如统编教材的单元设计，就是经验结构化的一种呈现方式，所以在教学中特别需要整体地体现"课程价值"。比如"整本书阅读"要求学生阅读《红楼梦》，就是"典型性"的具体体现。经验学习中很重要的一项内容就是对自我体验的积极反思，语文教学一方面是让学生进入那个体验的过程中去，另一方面就是引导他们对自己的体验形成正确的认知。如何评价认知的正确性？还是要让学生在具体的语言情境中"再现"这种认知。

语文学科的"认知"之所以说是一种经验，是因为它与基础教育阶段的自然，科学学科的学习不同，自然科学学科的认知常常表现为"定理"或者"定律"，但语文学科则更多体现为一种选择策略。作为一种选择策略，一方面是作出选择需要考虑的因素会更多，因素之间的关系会更复杂；另一方面"条条大路通罗马"，未必有固定的解决方案。这时候，经验就发挥作用了，学习者要筛选比对已有的语言经验以确定语言运用的方式，实现语言交流的目的。

凌宗伟：我理解，您说的"对语文学习而言，经验的习得与固化才是最关键的"与汪政老师说的"听、说、读、写是最基础的语文能力，也是永远没有尽头的能力，相对性很大。所以，学习语文，在这四种能力上永远不能满足"意思是一致的。

（四）

为什么要强调语文教学的"现代性"

凌宗伟：我曾经看过一篇汪政老师谈现代文教学的文章，在这篇文章中您谈到要"改变现在现代文教学中诸多违反现代文本质和语文学习规律的现象，可能要从改变观念做起，从加强对现代文的认识做起"。那么在您看来，现代文教学的本质是什么？语文学习的规律又有哪些？

汪　政：要讨论现代文教学的本质就要从认识现代文开始。我们就生活在现代，所以很少去想什么是现代文，即使想了，也大多是从语体和文体层面去考虑，认为用白话文创作的就是现代文。从文学上说，小说、散文、诗歌与戏剧是现代文学的四大文体。当然，现代文的文体内涵比现代文学的文体内涵更深广。这些思考，这些有关现代文的知识都没错，但少了最重要的一点，就是现代文的本质是现代人写的，体现的是现代人的思想与精神。现代人的思想与精神是什么？从晚清、"五四"开始，我们就在思考，就在探索，就在建构。我们是在建设一个现代民族国家，建设一个现代化的国家，凡是对此有利的就是现代人的思想与精神；反之，就是反现代的。现代文的教学要抓住的也就是这个。我们的许多现代文教学，其思想与理念和现代文是不匹配的，教师自己没有现代性，怎么去教现代文？

凌宗伟：由汪老师的观点，我想到另一个问题，面对方兴未艾的人工智能技术和"智慧校园""智慧教室""智慧课堂"建设，不少老师要么猝不及防，要么我行我素，甚至出现不同程度的抵触心理。人工智能技术进入学校、进入课堂，就如网上所说的那样：四十年前，人们惊呼武侠小说会毁掉下一代；三十年前，人们惊呼流行音乐会毁掉下一代；二十年前，人们惊呼电子游戏会毁掉下一代；十年前，人们惊呼互联网会毁掉下一代；现在人们开始惊呼智能手机会毁掉下一代。但历史发展证明，没有任何力量能毁掉下一代，毁掉的只是无知盲目、不学习无进步的上一代！我们是不是需要审视一下我们教师在新技术、新设备面前的自我学习与自我更新和"智慧校园""智慧教室""智慧课堂"

生态匹配与否？我们是不是应该尽自己所能去了解"智慧校园""智慧教室""智慧课堂"对教师固有认知与技能带来的挑战？我们是不是应该尽自己所能去学习并掌握这些理念与技术？如果我们不去学，不去用，又如何判断人工智能设备之于教学的优劣？历史一次又一次地证明，新技术、新知识的普及是必然的，尽管进程缓慢，但螳臂终究挡不了时代的列车，我们需要思考并付诸行动的是如何顺应，而不是抵触。毕竟人工智能语言处理技术已经实现了多场景应用，如果我们语文教师不去了解这些知识与技术，不想办法将这些技术尤其是理念引入教学，是有可能落伍的。我们对信息时代的碎片化学习的理解是片面的，也很少去想，碎片化信息的反面则是意义——学生应该接触到意义建构的不同领域。随后我们将讨论《乡土中国》的家庭问题，解决这一问题的方式是将整体拆解为碎片，再由碎片拼凑成整体，或者说是从解构到建构，其过程背后呈现的正是所谓互联网思维。

我联想到汪政老师的一段话："多媒体与网络正在改变人们的生活，包括传统的纸文世界……真正的教学资源、兴奋点与灵感永远在生活中，超出了学校与课堂。"2019年，您在海安市"新华杯"第九届全民读书节启动暨图书馆新馆开馆仪式上，做过一场主题为"文学更在文学外"的讲座，请问您为什么说"文学更在文学外"？

汪 政：我一直主张语文教学的当代性，语文教育要关注当下的语文发展状况。我们的语文教育当然要积累，要传承，要有经典性，但是，语文教育的目的还是使我们的学生能够融入当下的语文生活，以语文的方式解决他们所面临的问题。关注当代语文发展状况是个大题目，应该是指所有的语文存在形态，文学只是其中之一，但这其中之一就已经非常复杂。与过去相比，文学的变化是很大的，原因也比较复杂。

一是文学观念在变化。人们对文学的看法，甚至何为"文学"都悄悄地变化了，许多写作者并不在意自己的写作是不是"文学"，他们在意的是表达，是创意。边界清晰、规范明确的传统文学可以说已经不存在了，取而代之的则是游走在文学与非文学之间的"泛文学"。也就是说，文学已经溢出了原先的边界，或者说许多本属于其他类型的写作正在进入文学的领地，从而涌现出大量新兴的、无法命名的"文字作品"，充斥于文学内外的空间。有一点值得大家关注，那就是我们已经进入了一个"美化时代"。"美化"已经成为这个社会的重要表征与生活方式，它渗透到各个领域，"修辞"成为每个人工产品的必要工序，即使在实用领域，也同样存在着不断更新、追求极致与唯美的艺术设计。只有美化与实用功能高度结合才能让大众接受，日常生活审美化是不争的事实。而文字创作是美化程度最高的领域，我们的文字表达无不在努力地美化，广告、招聘、求职、策划书、纪实报道、即时新闻，以及几乎所有的文字出版物，连同原先严格规整的人文社会学科甚至自然科学学科的表达都莫不如此。如今，人们可以在更广阔的空间感受文学氛围，也可以从更多的媒介和更多的文字作品中获得文学生活的满足。

二是写作主体在变化。市场的培育与发展，国民教育程度的普遍提高，公共空间的拓展，空前激发了人的写作与表达。相较于20世纪80年代，现在几乎可以说每个人都是潜在的写作者，从理论上讲，每个人都有文学表达的机会。仔细研究一下会发现，可能没有哪个时代有今天这么多的写作者，专业作家、业余作家、职业写手、自由撰稿人以及庞大的匿名写作者，他们构成了一个身份各异的写作生态圈。主导20世纪80年代文学变革的是文学中人，而在当下引发文学变革的可能是其他行业的写作者，工人、农民、科技工作者、艺术工作者等。当然，文学写作本来无行业限制，区别在于：过去，其他行业的写作者是以文学的规矩来写作的；现在，他们以各自行业的表达进入文学，给文学带来新的元素。比如社会学家的田野调查和新闻工作者的报道，他们对工厂和乡村的书写、对特殊社会群体的调查实录、对社会重大事件的追踪报道，都是内容独特、形式新颖、叙事缜密、描写生动的作品。你可以说它们是社会学著作，但它们同时也是文学。正是因为他们的写作，才有了现在盛行的"纪实文学"与"非虚构文学"。像景观设计师俞孔坚教授的设计文本及景观作品解读就绝对称得上是"美文"。《花城》杂志开设的"花城关注"专栏于2020年开始推出许多非文学人士的文字作品，包括摄影师、导演、环境保护人士、农艺师……他们不在乎自己写的是什么，他们更没有"文学创作"的"理想"，但不可否认，恰恰是他们的作品，比传统意义上的文学更有力量，也更有美学上的创造性。

三是媒介和媒介融合。没有哪个时代像今天这样注重信息与传媒。以往，文学传播的媒介是相对单一的，而如今，报纸、刊物、网络、电视、广播、手机等构成了文学传播庞大的空间与媒介，它们首先产生了以其特质为核心价值与核心技术的新"文学"类型，这方面最突出的当数中国特有的发展仅逾二十年的网络文学。对这一新的文学形态我们一定要有清醒的认识，可能不宜在传统的文学框架内予以定义。说得极端一点，"网络文学"这个词组的重音应落在"网络"而非"文学"上。网络文学或网络文学中的"文学"，包括属概念如"小说""诗歌""散文"等，都是借称。严格地说，它们只是一些形态各异的网络语言作品，绝非纸媒文学时代的文学，而应该是与纸媒文学或交叉或并行的新的视听作品。甚至可以说，它们是类似网络游戏的一种文化消费品或娱乐用品。所以，真正的网络文学不是纸媒文学的电子化，而是只有在网络技术环境中才能实现与存在的新事物。我们很长时间都在讨论网络文学标准，但讨论的出发点都在"文学"上，而且是以传统文学的元素来界定的，殊不知，这个前提就错了。所以，不但始终没有拿出像样的"标准"来，即使拿出来了，网络作家也不认。这并不是说网络文学这一娱乐文化产品就没有自己的行业标准，就没有自己的制作规律。它不但有，而且深深地影响了传统文学。现在，基于网络文学的媒介融合已经非常明显了，它们正以强大的力量向传统文学施压，倒逼传统文学进行"改革"。

四是原先文学力量的对比变化对文学整体形成的影响。比如科幻，科幻文学在中国本来是非常小众的文体，夸张一点说，在21世纪以前，中国的科幻文学是不成气候的。过去的科幻在人们眼里是两个定位，第一点是科普，就是以文学的方式来普及科学知识，因此基本上没有科幻作家的主体性在里面，说是科幻文学，文学的成分非常低，没有好的故事，没有让人记得住的人物，更没有对自然、社会与人文的思考。与此相应就是第二点，在中国，科幻几乎没有独立的地位，而是放在儿童文学中作为儿童文学的一个分支，如果放在世界文学的通行分类中，这是非常奇怪的。但自从刘慈欣获得科幻文学的国际最高奖项——雨果奖之后，可以说形势大变。短短三四年，在这个以网络、云计算、大数据为显征的信息传输、变化与产业化的时代，同所有领域一样，中国的科幻文学也得到了空前的发展，获得了超乎寻常的尊荣地位。刘慈欣、郝景芳、韩松、飞氘、夏笳等，这些科幻作家的影响力与公众认可度都超出了想象。科幻带给中国文学的不仅是其本身，是其独立的合法性，更在于与世界文学的对话，在于科学主义的世界观，在于知识性，在于想象力，在于科幻文学积累与不断创新的审美观念与写作技法。

凌宗伟：谢谢汪老师！我们今天的语文教学，面对的是当代社会、当代学生，只有认识到这样的现实，教学才可能有的放矢。由汪老师的这番话，我想到马泰·卡林内斯库在其著作《现代性的五副面孔》中对法国哲学家帕斯卡尔观点的解读，认为"他反对古代人无来由的权威，坚决捍卫现代人的研究与批评自由"，但"帕斯卡尔并不认为新的科学与哲学要从零开始。在人类求知的持续过程中并不存在真正的断裂，古代人的贡献使得现代人更易于去理解古代人不可能把握的自然的各个方面。因此，我们有义务表明我们的感激之情。"并引述了帕斯卡尔在《思想、书信与小品》中所言，"正是以这样的方式，我们如今可以采纳各种不同的意见与新的观点，而无须鄙视古代人，也无须忘恩负义，因为他们给予我们的初步知识成了我们自身知识的踏脚石，因为我们为拥有的优势而感激他们让我们超过了他们；由于在他们的帮助下我们被提升到一定程度，最些微的努力也能让我们攀得更高，不如他们痛苦也不如他们荣耀，我们发现自己超过了他们。从而我们有能力去发现他们不可能理解的事物。我们的视野更开阔，尽管他们跟我们一样了解他们能在大自然中观察到的一切，但他们了解得不那么透彻，而我们看到的比他们更多"。在讨论语文教学的当代性问题上，我们是不是也必须思考这样的问题：语文教学同当代教育一样是在传统教学理论的基础上精进或改善的，我们一方面不能厚古薄今，另一方面也不能厚今薄古，而是要择善而从。不知道诸位以为何如，谁来谈谈？

罗晓晖：您的提问中已经包含了一个辩证的思维过程，原则性的结论已经出来了。

是的，厚古薄今不行，厚今薄古也不妥，需要择善而从。择善而从，这是无须讨论的；问题的关键在于什么是"善"，这取决于判断力。"判断力"背后有种种复杂的因素，讨论起来很麻烦。比如很多语文老师在学科上的判断、在教学上的判断，都有这样或那样的问题，这也是语文"江湖空间"很大，各种理论理念、奇谈怪论甚至歪理邪说都能找到市场的重要原因。

我觉得古人有两句话说得很实在，一句叫做"人同此心，心同此理"，另一句叫做"事有必至，理有固然"。教育这个事，有其自身的规律，这个规律是不分今古的；人类的理性，也是不分今古的。正如您所说，我们的教育教学是在前人的基础上精进或改善的，古人的教育实践中肯定也有值得我们学习的地方。"现代性"也许是个伪命题，我们有我们的"现代性"，古人在他们那个时代不也具有彼时的"现代性"吗？要看如何定义"现代性"。任何时代的人类行动，都是受人的自身观念支配的；任何时代的教育实践，都是所属时代的教育观念的产物。这些观念的成立都有它内在的合理性，同时也有局限性。

如果"现代性"是指近代以来受外来影响而塑造出来的特质，这种特质使得我们超越了前人，让我们更深刻地理解了教育和世界，那么这当然是好事。所谓现代学校、现代教育，其实就是建立在这个基础之上的。教育本身就是传播人类文明成果的，它需要吸取一切文明成果。当然，这里面仍然存在着"择善而从"的问题——又回到什么是"善"的问题上了，哈哈。

凌宗伟：谢谢罗老师！"什么是善"确实是个问题。当今社会，人们总是习惯于指责他人，日本政治社会学学者堀内进之介就曾指出这种现象，他说："乍一看，抨击他人的人是为了指出'恶之所在'，但实际上其攻击行为早就超出了善恶的范畴，攻击他人这件事本身就成了快感的来源。"我们对语文教学的批评同样存在这样的问题。许多时候我们凭借自己的个人知识发表的意见也是充满"善意"的，目的不过是想纠正与我们意见不同的"错误的"想法。我似乎扯远了，还是回到如何看待"当代性"或者"现代性"上面来吧，一不小心偷换了概念，但是我觉得"现代性"与"当代性"的关系是相当紧密的，就允许偷换一下吧。

岳春光：凌老师的问题提得好，尤其是"语文教学的现代性"这个问题。我们知道，单方面的厚此和薄彼都是错误的做法，一个学科的发展必然要由传承与改善来实现。所以我们先要确定"语文的现代性"究竟意味着什么。

谈及语文学科史时，我们一般会追溯到1902年制订的《壬寅学制》和1903年制订的《癸卯学制》，然后是国语国文时期，再往后才是语文学科。这三个阶段各有各的显著特征：

第一个阶段是清政府在外来文化的冲击下采取的应激性改变，这个改变在内容上依然残留着科举教育的痕迹——这一阶段可以说是古代教育形式最后的一丝倔强。

第二个阶段，民国时期的国语国文教育，才是这个学科真正现代化的开始。因为，它在教育对象和服务对象上有了根本性的变化。在国家观念的转变下，随着新式学堂的推广，国文国语教育跳出了过去少数精英以取仕为目的窠臼，转向提升大众文化的品质——这是最为突出的现代性的体现。而且国语国文在教学内容上确定了以现代文教学为主，为该学科以一种前所未有的独立姿态呈现在世人的眼前奠定了根基。所以我个人认为，语文学科的现代性首先要强调国语国文时期已经完成的这一独立性。另外说一句，现在学界似乎流行一种趋势，只要一讲到语文学科发展史，就从春秋时期开始，我个人认为这种追溯方式是有问题的，因为语文学科的现代性决定了语文学科是前所未有的一门学科。严格地说，并不存在学科概念上的古代语文教育，古代只存在传统文化教育，因为从语文学科的现代性（普及性、全国性和标准性）来看，古代传统文化教育并不具备这样的特征。简单地说，语文学科的现代性是古代没有的，既然没有就不应该混淆传统文化教育和语文教育之间的界限。打个比方，"中国古代语文教育史"这种说法其实和"中国古代西装制作史"类似。

第三个阶段就是中华人民共和国成立后的当代语文教育时期了。中华人民共和国成立后，民国时期的国语、国文教育合并为语文教育。可以说，这种合并本身是学科发展的产物，合并后的语文学科在教学上最突出的就是规范性，逐步完善起来的简体字和汉语拼音就是这种规范性的体现。而随着推广普通话纳入宪法和教师普通话考核制度的建立，语文学科有了更突出的指向性——通用、规范、标准。

以上的阶段划分虽然很粗略，但大致上可以呈现出语文学科发展的简单脉络，基本上可以确立为语文学科现代性和当代要求结合下的共识基础。

了解上述内容之后，我们就知道，对于语文教学研究我们应该关注的是第二个阶段和第三个阶段，而且第二个阶段和第三个阶段哪一个都不能丢掉。如果无视语文学科的现代性，就容易出现一味地引领学生读古书、写古文、写古诗词的教学偏差；如果忽视语文学科的当代要求，就容易出现在语文课堂上进行方言吟唱，语文教师带头写繁体字的不规范现象。

国语国文教育时期的研究者们在教学上筚路蓝缕、厥功至伟。通过近些年对民国时期研究著作的阅读，我发现目前语文教学中出现的很多难题，在黎锦熙、夏丏尊、蒋伯潜、胡怀琛、吴研因、高语罕、阮真、章锐初、何仲英、袁哲等诸多民国学人的著作里都对应着有效的解决办法——这些宝贵的遗产值得引起我们的重视。

当然，在当代语文教育的要求下，我们也有很多优秀的探索者，为我们所熟知的张志公、庄文中、张寿康、章熊、刘国正等先生就不说了，其他语文名家诸如潘开沛（《国文教学的理论与实践》）、程达（《语文学科论》）、徐强（《中国语文教育研究》）等，都是语文教师学习的榜样。

但我们在肯定和接受前人经验的同时，又面临着新的挑战——在知识爆炸的今天，如何更高效地开展语文学科的教学工作？我个人的想法是，必须在熟知前人已有成果的基础上，借助教育学、心理学和社会学方面的最新研究成果，借鉴对外汉语、港台地区和周边汉字文化圈国家的成功经验，来完善我们的语文教学工作，从而完成当代赋予我们的使命。

凌宗伟：我个人很认同借鉴、传承、完善的主张，没有借鉴、传承就难以完善，也就很难关注当下。

欧阳国胜：老实说，我平时其实没有刻意考虑语文教学的"当代性"问题。在我朴素的认知里，"当代性"从更多层面上来看，应该是语文教育家或课程改革专家要重点考虑的问题。从学科《考试大纲》到《新课标》，从人才培养的"三维目标"到明确提出的学科"核心素养"，这是不是教学"当代性"的体现呢？我非常认可罗老师"现代性也许是个伪命题"的观点，这并不是说它真的"伪"，而应该从其历史发展性来衡量。每个时代的教育者都认为自己所处的时代是"当代",忽略了历史发展性问题。打个比方,有些刚落成的小区取名"某某新村",或某人生了孩子后取名"小明",但一晃几十年过去了,你看这个小区已无"新"样,"小明"也变成了"大明"。我们有我们的"当代性",作为普通的一线教师,当然要有汪政老师所说的"现代人的思想与精神思考",要有自己的个性思考与教学主见。但我更认为首先应该吃透国家的《新课标》,教学上执行《新课标》的要求,这是最大的"当代性"体现。

凌老师刚才提到帕斯卡尔的一个观点,"反对古代人无来由的权威,坚决捍卫现代人的研究与批评自由"。其实不要人为地去割裂古人与现代人的关系,古人与所谓的现代人都是相对的,"今人"终将成"古人"。那句观点里有个非常重要的限定词——"无来由",也就是说,帕斯卡尔并不排弃古人是具有权威性的,他只是反对"无来由"的权威。很显然,《论语》《学记》等经典文献中蕴含大量教育智慧,这是不能也不应抹去的精华。其实我们又回到了"传承与发展"或"守正与创新"的传统话题上了。也就是凌老师刚才所说的,语文教学同当代教育一样是在传统教学理论的基础上精进或改善的,既不厚古薄今,也不厚今薄古,需要择善而从。

晓晖老师思维敏捷,他敏锐地质疑"问题的关键在于什么是'善'"，我想这个问题是不容易提出的。如果教学的出发点只是教师一厢情愿的设定，并不是依据学生的需要提出的，亦即基于"教"的视角而非"学"的视角，那么即使我们设定的初衷是"善"的，也有可能变成晓晖老师所说的"伪善"。我突然理解某一年《中国青年》杂志联合《中国青年报》开展"强国一代，青年之问"收集活动所统计的当代青年最为关注的前20个"强国之问"中"什么是真正的善良？"这一问，它给定的是短语"真正的善良"而非"善良"。所以，我们今天讨论教育教学的"当代性"，并非是说当代人的观念都是"当代性"的，而恰恰相反，很多当代人的观念甚至远不及孔子先进，这是当代人需要警惕的。

凌宗伟：谢谢！欧阳老师的回应倒是很会取巧，高手啊！

第二章

新语文
怎么教

（一）

为什么要研究课程标准

凌宗伟：《新课标》提出了学科核心素养以及12个教学目标，还提出了语文学科的质量标准，袁菊老师作为一个市的高中语文教学"总教头"，您觉得在实际的课堂教学中要真正地，或者说是有成效地落实它们，老师们需要在哪些方面做些功课？或者换个角度讲，如果要落实这些，高中语文课堂教学需要做哪些改善？

袁　菊：您所提到的核心素养以及教学目标问题，我们也是高度关注的，因为它与评价高度相关，作为一个区域的"总教头"，你不关心也是不现实的。据我所知，"核心素养"的提法首次出现是在《教育部关于全面深化课程改革落实立德树人根本任务的意见》中，该《意见》明确指出"核心素养"是指学生应具备的、适应终身发展和社会发展需要的必备品格和关键能力，综合表现为9大素养，即"社会责任、国家认同、国际理解；人文底蕴、科学精神、审美情趣；身心健康、学会学习、实践创新"。我觉得，这是本原的、权威的、科学的诠释。就语文学科而言，《普通高中语文课程标准》把它分解为四个维度：语言能力、思维能力、审美情趣和文化修养。这既是一种常识划分，也是一种学术划分，它是语文学习中需要习得的最基础、最主要、最本质的素养，换言之，它是具有生长力的素养，是种子素养。有了这四个维度奠基，其他的素养可以派生出来、衍变出来。为了让这"四个维度"走进教学、走进学生，便于把握、便于操作，又设置了具体目标：感受·鉴赏—思考·领悟—应用·拓展—发现·创新；并注重改革教学方式，拟通过18个学习任务群、119个学习专题的系统自学，让学生形成语文核心素养。一般来说，语文核心素养的形成并不是这种"线性组合""专题叠加"就能实现的，它是灵动的、综合的、个性的。有人打了个比方：非语文学习就好比自行车链条，一个链子掉了就"歇菜"骑不了了；而语文学习就好比往水缸里加水，一瓢两瓢是看不出变化的，只有达到一定的量才会显出差异——可谓"话糙理不糙"。语文素养的形成是一个积累的过程，像程咬金的"三板斧"是不成的，至少要做到"四个重视"：重视阅读、重视积累、重视思考、重视表达。至于您提到的"高中语文课堂教学需要做哪些改善"，我觉得可以从以下三个方面入手。

1.创设真实语境，将社会生活融入语文学习活动中。《新课标》的语文核心素养的养成需要以任务群为抓手，高中语文学习应该以真实语境、同一主题的群文来设置学习任务群，任务的设置要与社会生活有一定勾连，让学生从学习活动中发现语文学习与社会真实生活的勾连，从而更好地激发学生学习、探究的热情。比如选择性必修上册第四单元是"逻辑的力量"，本专题较为抽象，容易令学生厌倦，但如果把逻辑知识与日常生活联系起来，让学生思考日常社会现象中的逻辑关联，判断日常信息的真假，学生定会人人化身"小侦探"，产生学习逻辑的浓厚兴趣。

2.摒弃"知识中心主义"，以思维能力提升为核心。传统的高中语文课堂是以知识的讲授与接受为核心的，而新课程提出的学科核心素养的12个教学目标，则对学生思维能力的提升提出了要求，要求培养学生的批判性思维、逻辑思维、创新性思维，这就要求高中语文课堂学习活动不能以知识为核心，而应以思维能力的提升为核心。核心的转变自然要求课堂学习活动的方式发生改变。学生要从被动地接受知识变为主动地探究。以必修下册的第二单元戏剧单元为例，传统教学方法是让学生了解作品、分析人物形象、剖析作品主题，而现在，我们更应该让学生自主去探究悲剧发生的根源、东西方悲剧的区别、中西文化的差异等，让学生从平面思维走向深度思维。

3.把课堂真正交给学生，让学生从自主探究中发现与提升。"把课堂交给学生"一直是教育界有识之士的呼声，但在中学一线教师的课堂上，老师们仍然觉得讲授是最省事的教学方式，即使有一些活动，也是预设好的、沿着教师思路前行的伪活动；而我们需要的是，落实《新课标》学科核心素养以及12个教学目标的、学生真正的自主活动。从2021年起，全国高考不再有考试大纲、考试说明，所以，从严格意义上讲，一切都有可能，而要想有效应对，只能在提升能力上下功夫，让学生以不变应万变。能力的提升只能让学生通过自主探究、课堂对话来实现。学生认识问题的广度和深度只有在对话中才能拓展。

凌宗伟：是的。我们对课标的研读确实存在您所说的现象，有些教师几乎就没有认认真真通读过课标。

梅　香：据我了解，《新课标》实行以来，只有少部分教师能够立足于《新课标》理念的高度组织教学，大部分语文教师的教学设计仍然只是基于教师的讲授而非基于学生的学习，教师的教学行为并没有真正向课标理念看齐，课标倡导的理念可以说还停留在纸面和口号上。

唐缨老师，您对"依据课标教学"怎么看？您对一线教师在把握课程观念、加强课程理解、提升课程能力方面有怎样的建议？

唐　缨：首先我想明确这样一点，永远不要把教师的讲授和任何课改精神对立起来。我想我们应该反对的是填鸭式的满堂灌，而不是教师神采飞扬的讲解、点评。"传道授业解惑"，本身就是要"传"而"授"的。现在的某些课堂评价，正是因为狭隘地理解了教师的讲授，人为地把它和学生的学习对立起来，造成一些教师畏惧讲、不敢讲。我们作为教师，无论是人生阅历还是专业知识，肯定是高于学生一般水平的，为什么就不能"传"而"授"之了呢？难道让学生全部改成网络自主学习，就能提高学习效率了？况且，在日常语文课堂中，至少在我这么长的工作经验中，其实很少看到有教师会整堂课讲授的（这种情况大多出现在试题评讲中，这个问题要另外讨论），绝大多数的课文教学都不太会出现这种现象。

但问题的关键是，教师有没有把学生的"学习"真正摆到教的核心理念位置上，的确大有可议之处。虽然我们很早就熟悉钱梦龙老师的"教师为主导，学生为主体"的理论，我们学校也早在21世纪初就提出了"三注重"（注重情感、注重学法、注重创造）校本理念，但教师一般为了完成教学任务（教学进度和应试成绩毕竟是目前所有学校无法回避的），会有意无意地忽略学生本质上是学习的中心这件事，学校的建设、教师的努力，从本质上说都是引导性、服务性的。但在实际教学中，如果教师眼里只有进度和分数的话，那基本上就是反客为主了。一旦反客为主，就会因为学生的"不听话""不服从"而生气，就会因为学生成绩不佳让自己丢脸而恼怒，却从不为未能提升学生的语文素养而脸红，也从不为未能引领学生学语文、用语文而苦恼，走到这种地步的教师，是任何课改都拯救不了的。

举个实际的教学例子。高中课堂上，只要一教文言文，那就是各种"特殊句式""词类活用"知识点满天飞。教师不厌其烦地讲解辨析，学生不胜其烦地被动作答，看似扎扎实实，实际却是大做无用功。首先，你讲的这些东西，学生在初中阶段早就"扎扎实实、反反复复"地操练过了，恐怕不需要再这么重起炉灶式地来一遍。其次，这些东西"有用"吗？它何尝促进了学生对文言文的深度理解？又何尝提升了学生品鉴文言文的能力？说得功利些，熟背这些知识点的学生究竟能不能在考试中看懂文章、翻译清楚句子，都还是个问题。诚可谓"何必如此"！这种普遍的怪现象背后，就是教师眼里只有自己——自己烂熟于心的知识点才最安全，而全然不顾这些知识点对于学生发展的实际意义寥寥。如果从我的角度给各个教研组、备课组提建议，即教师如何真正地向《新课标》看齐，首先就要破除教师的这种自我中心顽固意识（但很难，因为破除就意味着打碎了教师的舒适圈），而要破除教师中心意识，就要对教学内容进行通盘的重新整理，找出新课程背景下的语文教学的内容和以往相比有哪些变化。这样倒逼一番，也许能帮助教师建立起新的教学体系，这既能改变教师的教学观念，也能给教师吃颗"定心丸"，有了这样的变化，才能谈得上"向《新课标》看齐"。顶层设计的课程改革是自上而下的，基层的教师如果不能自下而上迎上去，改革就会打空拳，教师自身不能得到新的发展，而学生素养的提升则更是无从谈起。

还是以文言文教学举个例子。假如我们不再沉迷于"宾语前置句""名词活用为状语"这些陈套，那么我们就有更多的精力去关注、发掘文言文作为"语文"应有的滋味、美好、精粹，如司马迁笔下的虚实纵横、韩愈笔下的刚柔并济、苏轼笔下的潇洒自如。我们也就更有可能从古老的文言世界走进更为古老的中华文化的世界，例如《项脊轩志》背后的古代建筑文化、《兰亭集序》背后的古代生命文化、《诗经·静女》背后的古代恋爱价值观等。且不论这些是不是新课改提倡的，这样的施教本身，教师难道不觉得是件非常美好的事吗？

凌宗伟：如何把对课程标准的研究、对教材的研究及对试题的研究贯通起来，唐老师从操作层面为语文教师做出相当具体的回应。无论是袁老师还是唐老师的回应，对从事具体教学的语文教师都是有所启发的。

（二）

如何看待"大概念教学""大单元教学设计"

凌宗伟：接下来我们来谈谈如何看待时下比较火的"大概念教学""大单元教学设计"。

王　雷：这个话题我先来说吧，我可能是来泼冷水的。我们都知道语文教学存在很多问题，要改、要变，于是一大堆新概念冒出来了，如"学科核心素养""大单元教学""任务群""大概念""情境化""整本书阅读""批判性思维"，等等。但是，整出这些概念、理念、思维、设计，就能让语文教学旧貌换新颜吗？我可以负责任地讲，不可能！至多是换汤不换药！当然，有一点是可以肯定的，这一波操作一定会"逼出"一大堆论文和课题，一大堆漂亮的示范课、观摩课、公开课、交流课，一大堆精彩的"基于核心素养的""任务驱动的""大概念背景下的""情境化活动化的"课程设计和教学设计，还有一大堆挥舞着这些新名词对教师和教学求全责备的专家。仅此而已，语文教学不会有丝毫触动，不可能有任何改变。

是这些新课程标准、新理念、新设计本身有什么问题吗？没有问题，它们都是对的，很先进，很现代，很时髦。问题在于，无法落实，无法真正推行和实施。它们落地，需要理解、信任和支持，需要智慧、耐心和宽容，需要土壤、气候和养分，而我们都没有！

当下这种拼命做题和死记硬背的疯狂学习状态对语文的伤害最大，这个办法对其他学科可能还有点用，而对语文是没用的，但学生不这样想，他们还是那种一贯的思维方式：如果语文没有考好，一定是因为题目做得不够多。

语文怎么学？根本不需要专家来指手画脚。为什么大家不愿意这样学？也不是因为缺乏"新课程""新概念"。学习数理化很少有这些花里胡哨的东西，学生只做一件事——埋头做题。一道题亮出来，他们二话不说，拿起笔来，画啊，写啊，算啊……

我现在还是不清楚，数理化是不是应该这样学，但我非常清楚，十分肯定，语文就应该这样学：拿起一本书来，废话少说，埋下头，拿起笔，读啊，画啊，写啊，想啊……然后抬起头，扑闪着明亮而好奇的眼睛，讨论，交流，质疑，辩驳，分享，你一言我一语，你一颦我一笑……这就是语文教学的"任务"，这就是语文教学的"情境"，这就是语文教学的"大单元"，这就是语文教学的"生活化"和"活动化"——如果一定要用上这些"新词"的话。

问题还是没有解决：为什么大家不愿意这样教、这样学？不是教师不愿意，当然，确实有很多教师不愿意，因为这样的教学对教师的要求高得不是一点半点，是高了很多很多。不是学生不愿意，当然确实有很多学生不愿意，因为他们没有那么多题目做了。做题多好啊，做完题对答案，做对了，开心；做错了，也开心啊，又有理由做更多的题目了。做题可以逃避真正的阅读，逃避严肃的思考，而专注的阅读和思考需要更多的耐心和信心，需要沉浸和涵泳，需要从容和优雅。而对于学生来说，在今天这样一个所谓"内卷化"的时代，优雅和从容几乎等同于罪过，即便别人不谴责，自己的良心能容许如此懈怠吗？

还有，这样的学习需要对话和交流，需要沟通和理解，简单地说，需要公开发言，需要发表自己的观点，这也是让一些学生感到恐怖的事情。如果说错了，自己苦心经营十几年的"人设"岂不是瞬间崩塌——思及此，感觉天都塌下来了。总之，做题多好啊，补课多好啊，上辅导班多好啊，你只要面对一个个可爱的题目，一个个让人心醉神迷的题目，不需要面对这个世界、这个社会，不需要面对他人和公众，更不需要面对自己、面对自己的生活和自己的内心。如此这般，在做题中达到物我两忘的境界，同时，又给父母和老师，给社会公众一个勤奋好学的好孩子的形象——这个形象莫非比生命本身更重要？

我可能越说越远了，但上面这些才是我真正要说的话。（凌宗伟：没有啊，我们就是希望听听各位真实的想法。）至于语文怎么教怎么学，根本不值得讨论。现在我来回答，有什么办法让语文教学回归正常，回归到它本应该成为的那个样子？

我的回答是，没有办法！因为这根本不是语文教学的问题，不是语文教育的问题，不是教育的问题，而是环境问题。如果我们暂时不考虑语文之外的问题，能不能就在语文内部找到一个办法呢？我的回答是：能。那就是考试，在高考命题和阅卷上做文章，这是目前唯一可行的办法，为了不引起太大的社会震动，我们在语文高考命题上分阶段逐步改变考查的内容和方式，包括阅卷的方式。既然大家都绝对看重最后的分数，那我们能不能用考试来"倒逼"教学内容和形式的变革，也就是我们能不能命制出一套实实在在的、真真正正考查学生语文素养和能力的题目呢？

二十多年来我一直在思考这个问题，思考的结果是：完全可以做到。由于涉及非常复杂的技术思路，我就不多说了。在这个问题上，我愿意接受任何公开的质询。

梅　香：王老师谈得有点激动，似乎有些义愤了。能感受到您对语文教育的热忱，因此才会对现状如此痛心。我们讨论要理性看待"大概念教学""大单元教学设计"，否定之建设，也是一个角度。但愿老师们既有"破"的勇气，也有"立"的自信和智慧，在"教学回归到语文本应该成为的样子"上有积极生动的作为。

凌宗伟：有专家说"学科核心素养的出台倒逼教学设计的变革，教学设计要从设计一个知识点或课时转变为设计一个大单元"，不知道郑老师觉得在这样的"倒逼"中语文教师要注意些什么，或者说要从哪些方面做一些努力呢？您认为在新高考变革下，课堂形态要发生变化，不能局限于训练，而是要促进学生的反思与合作。据我所知，上海市全面推进"大单元教学设计"已经很多年了。关于"大单元教学设计"，我觉得有这样几个问题值得探讨：语文学科的"大单元教学设计"与《新课标》、新教材提出的"任务群教学"之间存在怎样的关系？您觉得"大单元教学设计""任务群教学"是否应该有个"度"？如果应该有，该如何把握？您认为建平中学在"大单元教学设计"或者"任务群教学"上有哪些可借鉴的经验？能不能从语文学科的性质与特点出发谈谈您对语文课堂教学形态的一些展望呢？

　　郑朝晖：我们现在所说的"大单元教学"，只是一个概括性的概念，本质就是要体现文本的"课程价值"，所有用于教学的文本都是"课程中"的文本，是课程目标"统摄"之下的文本。以往的文本教学通常是散点式的，缺少整体规划和设计，才造成了很多教师将自己个性化的阅读当作教学目标的现象出现。其实，课标、教材、单元、课文是一个完整的整体，它们的关系应该是：课标确定学科核心素养，教材将核心素养"任务化"，单元则是将学习任务"情境化"。教师的教学设计就是在情境化的前提下，将规定的"情境""活动化"。教学活动就是学生有目的的具体的语言活动过程，在这个过程中，教师提供学习的支持，提供活动规则与评价反馈的方案，保障学生的语言活动的有效进行。要注意的是，这样的活动一定是"具体的语言活动"，或者是基于语言活动的，而学生评价与反思的也应该是语言活动本身。否则语文课或许会变成漫无目的的综艺活动，就达不到语文学科学习的目的了。这一点很重要，课堂教学情境化不等于"综艺化"，而应当有明确的语言活动的目标。大单元教学像写散文一样，要做到形散而神不散，也就是说，各篇教学文本固然各有特点，但是从教学的角度看，都要体现单元的学习任务，达成单元所规定的学习目标。而这样的任务或目标一定要指向学生语言经验的积累，要让学生逐渐成为语用经验丰富的人。

大单元教学要关注两个方面，一方面是选文的人文意义，另一方面是选文的语用意义。我的观点是，人文意义是应当融入语用意义之中的。比如高中语文统编教材必修上册的第一单元，是不是要单独讲一讲"青春"呢？其实并不需要，在体会那些诗歌的意境时，在揣摩小说人物的心理和行为时，我们已经将青春应有的模样深深烙印在了心里。但要做到这一点，关键在于我们的语用分析要深深影响学生的认知。

而从学习任务上来看，大单元教学的概念，体现在文本学习上，就是要突出教材所规定的文本的"课程意义"。不是说拿到一个文本就可以天上地下漫无边际地教学，而是要根据单元的学习任务去设计教学，且教学任务不是靠一篇文章或者"一课"来完成的，而是靠整个单元的学习来完成的。比如很多教师都对统编教材必修上册的第六单元感到困惑，尤其是在一组议论文中见到王佐良先生的随笔《上图书馆》，更觉难以把握。事实上，该单元的学习任务并不仅仅局限于"议论文"，而是要"关注作者思考问题的角度"，还要"从合适的角度以恰当的方式阐述自己的看法"。如果基于这样的任务，《上图书馆》一文就应该从"思考问题的角度"来设计教学（例如与黑塞相比），更可以剖析王佐良关于阅读和图书馆的思考，解析为何这样的阐述方式更有效。我用这个例子来说明，大单元教学，实际上就是围绕课程所要求的语文学习任务进行的教学。

凌宗伟：由郑老师的这番话，我想到自己的一个基本观点。群文阅读不过是单元教学的另一种组织形式而已，不同的是，群文阅读教学强调大单元、大概念，"大概念就是一个概念、主题或问题，它能够使离散的事实和技能相互联系并有一定意义"。换言之，所谓大概念就是某个板块的核心概念，比如文学作品阅读的基本要求和方法；再往大处说，就是《新课标》提出的语文素养，这些在《新课标》中有明确的表达。我认为无论是单篇教学还是群文教学，扣住了课标的要求就是有了"大概念""大单元"的意识。反之，即便是几篇文章同时教，但若只是就文本展开，而没有将它们放在课程要求下组织，也不是真正意义上的"群文教学"。

简单一句话，无论你用什么方式教，前提是要理解语文学科的性质，理解教学。

这个话题，我还想请春光老师谈谈自己的看法。

岳春光：伴随着新一轮的高中语文课标修订，一大批新词语出现在语文教师的视野中，如大概念教学、大单元教学设计、学习任务群、群文阅读、整本书阅读、项目式学习……之所以说它们新，是因为其中很多词从未在以往的语文教学中正式出现过。面对这些语文教学过程中从未出现过的词语，我是始终保持一定距离的。在这里只说说"大概念教学"和"大单元教学设计"吧，因为也有其他老师曾问过我对这两个概念的看法，我把对此的回答列在下面。

★问：怎么看待现在"大概念""大单元"的提法？

答：绝大多数人都是在炒概念、发论文、弄课题、划圈子罢了。不管是素质教育还是核心素养，不管是教学模式还是高效学习，差不多都是那一帮站在前面（或是想挤到前面）的吹鼓手在搞。对待这些人，听其言而观其行就行了。只谈理论优势，不谈实践难易的；或是只讲高度，不讲门槛的；抑或是只看远景，不及脚下的……都不超过50分。

★问：您对现在的"大单元教学"怎么看？

答："大单元教学设计"的提法不靠谱，也可以说新一轮的课改提出了很多不靠谱的概念，有些明显背离实际教学的要求，甚至可以说是痴人说梦，可笑至极。

大家可以从这两则问答中看出我对"大概念教学""大单元教学设计"基本是持否定态度的，我坚持审视一个新术语、新主张、新方法的原则很简单：考察两方面的理据，一方面是理论基础，另一方面是实践基础。如果一个新的提法，能够清晰地、完整地呈现其背后所揭示的原理和脉络，充分说明新提法的必要性，那么它就可以作为一种强有力的主张而被暂时认可。或者一个新的提法，能够呈现出较为完整的实践过程和实践效果，其背后的原理脉络有待进一步去挖掘，这种情况也是可以获得暂时认可的。基于以上的审视原则，我们就可以检验一下这两个新词了。

依据原则，这两个新词的提出者和使用者，需要充分证明这两个提法和传统中的"概念"与"单元教学"的差别在哪里（理论说明），也就是说，必须澄清"概念教学""大概念教学""单元教学""大单元教学设计"四个独立的概念和它们之间的层级关系。如果缺少这个澄清的工作，"大概念教学"和"大单元教学设计"这种提法所产生的效果就只能是一种压迫感——暗示着以往那些概念和单元已经不适用或落伍了。在这种暗示下，这些概念的提出者（专家）不用出具相应的论证，而对于概念的接收者（教师）而言，即便不明就里也无从反驳，最终只能被动地接受这种概念的"合理合法地位"。但其实我们应该质疑它们在语文学科中存在的必要性——这些词本身从未在语文教学中正式出现过，凭什么横空出世占据语文课程标准的关键位置？

至于"大概念教学""大单元教学设计"的实践基础我

们当然就更不能奢望了。迄今为止，我尚未见到在"大概念教学""大单元教学设计"理念下比较成功的教学成果，只看见不少专家和教师交上来的各式各样的"大作文"和"小作文"。

我们的语文教学研究现状是一些人抛出一些他们自己也说不清的概念，让教师组织学生围绕这些概念打转，然后从上交的材料里挑选一些"成果"——这是"先上车，后买票"，将后期诠释伪装成先期论证的违规行为。打个不太恰当的比方吧，现在的情形仿佛就是：咕咚一声，一些人喊起"大概念教学、大单元教学设计来啦，快跑呀"，往后大家就都跑起来了——看，大家跑得多认真呀。

在这里我想给所有语文老师提个醒，尚未厘清一个概念的具体指向就开始传播此概念，其实就是在对别人大喊"咕咚来了"。不问事实是什么，一味地使用权威的言论来代替自我思考，很容易陷入以讹传讹的境地。

凌宗伟：哈哈，"咕咚来了"，有意思！岳老师的这番话让我想到《追求理解的教学设计》开篇中的一段文字，这本书也是主张"大概念教学""大单元教学设计"的，但也明确地指出，并不是所有的教学都应该如此。作者认为，"虽然追求深入理解的教学是学校教育的一个重要目的，但是，这当然也只是多种教学形式中的一种。因此，我们不建议所有的教学和评估总是着眼于深入和复杂的理解。在某些特定情况下，这既不可行，也不可取。例如，学习字母表，获得某种技术本领（如键盘输入），或习得外语的基本知识；这些都不要求有深入的理解。在某些情况下，学生的发展水平将决定概念化的合适程度；在另一些情况下，一门课程或一个项目不太需要深入的理解或者不涉及重要目标。有时候，对于某些主题来说，在某些时间点，'知道'这个目标就已经是非常合适和足够了。其实既没有时间，也没有必要深度理解所有事情，尤其当目标是要表达一个较大整体的概念时，这样做会适得其反"。

　　教学是一个渐进的过程，想想看，有几个人能够持续关注一个大问题，并在有限的时间内将它解决的。以《乡土中国》中的家族问题为例，如果将家族问题"分割"为姓氏、联姻、生育、家谱、宗祠、祭祀等一个个板块或者相对小的问题供学生选择讨论的话，情形或许就不一样了。如果在学生谈论某个问题的时候，教师给予一些具体的指导，或者让他们休息片刻，再去讨论下一个问题，或者将这一个个问题联系起来加以陈述，或者阐述自己的看法，提出自己的疑问。在此基础上要求学生再选择一些任务去讨论研究或许就可以帮助他们慢慢理解"家族"这个大问题了，甚至可能由家族问题转而关注与之相关的其他问题。也许有同人会问，教材提出来的任务并不单单是家族的问题，还有其他几个大问题呢，如此设计，时间上就不允许。是的，我们为什么不能换个角度想一想，教材不过是以《乡土中国》为例，让学生学习阅读社会科学类文本的基本方法的。如果认同这一点，那么是不是一定要学生在有限的时间内搞明白《乡土中国》涉及的所有问题呢？再说，研究费孝通的专家也未必敢说自己已经完全厘清《乡土中国》的问题了吧？不是说我们不应该积极地帮助学生彻头彻尾地弄清楚《乡土中国》的所有问题，而是要承认，时间与阅历决定了学生不可能一下子弄明白许多问题，即便是我们教师也是如此，与其什么都没弄明白，不如将一个个小问题研究透彻，或许在这一个又一个小问题的研究中，不知不觉地就贴近了那个"大问题"。要让更多的学生持续地参与其中，我们必须确保所有的学生弄清楚自己在课堂上的具体任务或者作业。

（三）

如何有效实施"任务群教学"

梅　香：《新课标》提出了"任务群教学"的要求，从一线资深教师的角度，邬老师您觉得高中语文教师可能会遇到哪些困难？该如何解决？您能否提供一些关于"任务群教学"的具体的思考与建议？

邬建芳：《新课标》提出"任务群教学"要求，的确让习惯了单篇教学、知识点能力点线性排列的一线教师有点无所适从。

首先，"任务群"在概念上尚未被完全厘清，研究者也是众说纷纭，因此，我们基本采信以下定义：语文学习任务是素养导向的语文实践活动，其实质是真实情境下的语言文字运用。

　　然而，就算在认知上基本统一了，"任务群教学"在实践上还是存在困难的，我们学科组曾经就这个话题做过专题讨论。有的老师说，最大的困难是师生阅读积累的不足和差异化。教师积累的不足导致教师设计和引导任务群的能力存在差距，学生积累的不足也为教师的设计与实施增加了难度。而教师积累的差异化导致"任务群教学"的设计很多时候只能各自为政，缺乏统一标准，从而增加了操作的难度；而学生积累的差异化则导致教师设计和实施时会面临纷繁复杂的学生个体情况，很难达成预期目标。

　　该如何解决呢？首先教师要不断提升自我素养，开阔阅读视野；学生要尽早开始做长线阅读规划，而不是期待到了高中一步登天。

　　任务群教学设计，可以由教师根据个人学科素养和教学经验进行"个性化设计"，但更需要以备课组、教研组为单位统筹安排的"整体设计"，教研组要加强 "任务群教学"的集体备课，避免出现各自为政的乱象和事倍功半的困局。当然，教师在进行设计时一定要多考虑学生的实际情况，可以针对全体学生做集体设计，也可以针对部分学生（如共同的兴趣小组、共读一本书的小组等）甚至个别学生进行"私人定制"，这样才能让"任务群教学"落到实处，对提升学生的语文学科核心素养起到真正的作用，而不是成为公开课时教师展示自我的工具和体现所谓先进教学理念的摆设。

有的老师就任务群的"情境设计"做了探索：在传统的教学设计中，教师往往都是以激发学生的学习兴趣为目的来设计情境，比如故事导入、多媒体展示、课文背景介绍等，在课堂上确实可以激发学生对文本的兴趣，但是这类情境任务通常都无法贯穿整个活动。因此，教师要将"激趣"的情境设计，转为让学生"做事"的情境设计。在情境中完成不同的任务，来引导学生真正进入课堂，走进文本。

在"做事"任务群情境教学设计中，激发学生能动性的情境必须包含任务情境与学习情境两个方面。其中任务情境是学习情境的抓手，让学生能够在具体活动任务群中找到支架性的学习材料，自觉地以课文为主体学习资源，获得学习效果和人文价值。并且在情境任务中，学生能主动认领学习任务，在真实情境中提高学生解决真实问题的能力，获得价值感、成就感，最终由学生和教师共同参与成果评价。

比如教师可以将统编教材必修下册的《信息时代的语文生活》和学校开展的运动会、艺术节等常规校园活动结合起来，让学生在真实任务情境中完成构思活动主题、设计宣传文案、撰写广播稿、发布微信公众号推文等各项任务，引导学生在信息时代下了解不同媒介的特点，学会撰写不同类型的新闻稿，让学生真正地利用语文学科知识思考问题，解决问题，得到更多的感悟和素养的提升。语文教师也可以推荐、征用学生的作品，让学生作品在校园中得到展示和运用。这样的任务群情境设计，不仅能让学生习得语文知识，而且能获得切身的校园生活"参与感"。在利用媒介的过程中，学生会自发地遵守媒介伦理，做负责任的表达者和严谨的传播者。

如果语文教师有这种意识和能力去接通生活化的场景，设计更多基于校园文化建设需要的真实任务情境，学生的语文学习热情、课堂教学的效率以及语文核心素养一定会得到有效提升。

凌宗伟：从教学的有效性出发，我主张首先是单篇教学，然后才是群文阅读，单篇没有搞明白，就进行群文阅读，不是囫囵吞枣就是一知半解。当然，从教学设计的视角出发，也并非不可以让学生同时读几篇文章，但要考虑学生的阅读理解水平，还要考虑文章的难度。从教学方法的多样化视角来看，群文阅读不过是一种方式而已，但现行课标和教材是以"任务群"的形式组织的，没有群文阅读的教学形式，显然是不符合课标与教材要求的。

如果从落实课标提出的语文学科素养要求和学科教学目标的角度考虑，单篇教学如果已经具备课程意识，也就没有必要每堂课都采用群文教学的形式。课时就那么多，若完全实施群文阅读，势必会要求学生利用更多的课外时间阅读。然而时间是个常数，我的经验是，语文在数理化面前本就是弱势，能有多少课外时间花在阅读上，我想各位语文老师再清楚不过了。

我隐约记得欧阳国胜老师在新教材提出的"任务群教学"上颇有心得。欧阳老师，请问您怎么会想到将"文本互涉"跟"任务群教学"联系起来的？

欧阳国胜：谈不上"颇有心得"，事实上可能恰好相反，由于在高三任教，我对新教材是缺乏了解的。但"任务群"并非一个全新的概念，其关注者也并不只是非毕业班的教师或使用过新教材的教师。

就以我们正在解读的文本——暂时称为"主文本"——新教材中涉及的费孝通先生的《乡土中国》为例。费孝通先生在《乡土中国》中多处引用《论语》来阐释"中国乡土"的基本特征，如"这过程是《论语》第一句里的'习'字。'学'是和陌生事物的最初接触，'习'是陶炼，'不亦说乎'是描写熟悉之后的亲密感觉。在一个熟悉的社会中，我们会得到从心所欲而不逾矩的自由"。费孝通先生借此解释乡土中国、熟人社会中的"规矩"与法律的区别，阐释乡土中国的特征之一——不断"习"出来的礼俗文化。不仅如此，费孝通先生还广泛引用了《释名》《项脊轩志》《中庸》等众多文本来解读中国乡土特征。如"归有光的《项脊轩志》里说，他日常接触的老是那些人，所以日子久了可以用脚步声来辨别来者是谁"一处，费孝通先生暗引了《项脊轩志》中"余扃牖而居，久之，能以足音辨人"，旨在揭示熟人社会，即"面对面的社群"里"可以不必见面而知道对方是谁"、可以"用声气辨人"的乡土特征。除此之外，我们在进行《乡土中国》整本书阅读时，为了弄清中国乡土的特征，还可以引用费孝通先生本人的《江村经济》、陈心想的《走出乡土——对话费孝通〈乡土中国〉》、沈从文的《边城》、申赋渔的《半夏河》等来参照互释中国的乡土特征。这些文本，我们暂时称为"副文本"，日常教学中，正是经由"主文本"与"副文本"之间的关联互涉，才能将文本解读引向深入。也正是在这个层面上，我想到了将"文本互涉"跟"任务群教学"联系起来。这种用其他文本来参照解释"主文本"或用"主文本"来解释"副文本"的方法或理论，我称为"文本互涉"。"文本互涉"理论勾连起"主文本"与"副文本"之间的参照与互补。

"文本互涉"是我提出来的一个词，它是建立在"文本间性""文间性""互文性"的基础之上的。法国后结构主义文学批评家朱莉娅·克里斯蒂娃最早在1969年出版的《符号学：符义分析探索集》一书中首先提出了"互文性"这一概念，并提出"任何文本都是对其他文本的吸收和转化"的观点。"文本互涉"能为文本解读提供理论基础，或提供文本比较学上的关联点、参照点与互释点。本人很早以前就注意到这一理论，在2013年年底申报了厦门市重点课题"中学语文教学'文本互涉'专题研究"，2014年11月在《语文教学通讯》上发表了《"文本互涉"的路径选择与呈现方式》一文，后来此文被中国人民大学《复印报刊资料·高中语文教与学》2015年第2期全文转载，引起了学术界的广泛讨论。

2017年版《普通高中语文课程标准》颁布后，我发现"文本互涉"正是潜藏在语文学习任务群中群文或不同活动之间的关联点，不同文本或学习活动要组成一个学习任务群，主题如何关联？创作手法有何相同之处？意象选择与意境营造有何共性？版本与内容之间有着怎样的关联？"文本互涉"有着巨大的研究空间、意义与价值。为了延续对该理论的研究，我又分别向福建省教育厅及福建省规划办申报了这一课题。在研究时，我读到姚姝兰、叶黎明老师在《语文学习》2019年第9期上发表的《群文阅读：在互文空间中建构文本意义》一文，很是激动，但也有遗憾。遗憾的是我正欲撰文表达的观点，被他们捷足先登了。姚姝兰、叶黎明老师提出的"'互文性'可以为群文阅读中的文本组织提供理论支撑和方法引导"及"互文理论为群文组建提供了关于文本链接点和文本关系的更多视角和专业支架，帮助教师打开组文思路"等观点与我的认识不谋而合。随后，我又在《语文教学通讯》2020年第7期发表了《"文本互涉"理论的研究内容与路径选择》一文，明晰了"文本互涉"理论的研究对象、内容，并拓展了路径选择。2020年4月，我在《福建基础教育研究》发表的《"群""纲""质"：文本互涉下学习任务群教学指向——以"学习"话题的文言文教学为例》一文，就是您所说的将"文本互涉"跟"任务群教学"联系起来的一篇文章。没想到，这篇文章很快就被中国人民大学《复印报刊资料·高中语文教与学》2020年第10期全文转载。后来郑桂华老师又向我约稿，在她负责的核心期刊《语文建设》2020年第11期"名师课堂"栏发表了《小说叙事：情节的运行与动力——"文本互涉"视域下的〈清兵卫与葫芦〉教学实录》一文，并且得到了全国著名特级教师陈日亮老师的点评指导，很是感谢这些老师的扶携与帮助。这些就是我在"文本互涉"与"任务群教学"方面所做的一点儿尝试。尤其是去年高考结束后，我深入小学语文课堂听了一些课，惊觉原来小学课堂已经在广泛地利用文本互涉理论进行"任务群"教学了，这使得我们研究的责任更大了。

凌宗伟："文本互涉"是你的首创，优秀的语文教师总是会形成自己的思考。但光有思考没有实践一定是空想，那么在具体的教学实践中您有没有遇到过一时间难以逾越的障碍？

欧阳国胜：肯定遇到过。尤其是参与新教材备课时，群文背景下大单元教学的宏观视野要求我们必须有更高远的核心素养追求，有更深广的阅读背景做支撑，有可资借鉴的教学着力点。这种难以逾越的障碍就是阅读的深入。在文本与文本间建立对话的关键，在于要找到适恰的文本，这就需要像凌老师您那样，能坚持广泛阅读，能信手拈来，随心所欲又不逾矩。

凌宗伟：少来恭维，言归正传。我的经验是，当我们和语文教师同行分享某方面的教学经验时，他们最关注的是可否拿来就用，您觉得您的这一套理论可供同行们拿来就用吗？如果不可以，也请您谈谈自己的看法。

欧阳国胜：记得早在2010年第10期的《教师月刊》上我发表过一篇文章《"教师的读写水平决定一切"——专访文艺理论家、文学批评家孙绍振教授》，在那次访谈中，孙老师就曾反对一线教师直接拿他的研究成果进教室执教，所以您说的"拿来就用"这一举措我也是反对的。毕竟教师的风格有别，尤其是学情不一，教学内容与教学方法都不宜直接复制。当然，我们与孙老师的站位是不一样的，他立足于高深的理论研究，我们则侧重于实践教学，不是说完全不能"拿来就用"，有些是可以直接借鉴的，或者至少提供一些借鉴的思路。

比如，在前面提到的《"群""纲""质"：文本互涉下学习任务群教学指向——以"学习"话题的文言文教学为例》一文中，我以《劝学》为"主文本"，"互涉"至不同时期的以"学习"为话题的文言文，以其中的七篇为"副文本"，从易到难，依次排列，以群文的形式构建起一个学习任务群。选文如下：

1.孔孟论"学"（春秋）

（1）《论语》30则（从《论语》中精选出30则论"学习"的选段）

（2）《孟子》3则（从《孟子》中精选出3则论"学习"的选段）

2.颜之推《勉学》（北齐）

3.司马光《孙权劝学》（宋）

4.彭端淑《为学》（清）

5.蒲松龄《崂山道士》（清）

6.荀况《劝学》（战国）（全文）

7.韩愈《师说》（唐）

8.乐正克《学记》（战国）

一线教师可以结合自身特点与学情特点，自行增删。同时，文章还以具体课例阐释了"学习任务群"的教学设计如何"互涉"课标理论，做到有的放矢必备的三个"互涉"方向：一"纲"——语文核心素养（指向"育人目标"）、一"群"——语文"学习任务群"理论（指向"课程要求"）、一"质"——学业质量水平（指向"学业成就"，即考核）。从理论与原则上，还是能为广大教师提供借鉴的。

汪　政：新版高中语文教材中的"任务群教学"是遵循《普通高中语文课程标准》来编制的。对于作为课改亮点的"语文学习任务群"，《新课标》是这样解释和定位的："'语文学习任务群'以任务为导向，以学习项目为载体，整合学习情境、学习内容、学习方法和学习资源，引导学生在运用语言的过程中提升语文素养。若干学习项目组成学习任务群。学习任务所涉及的语言学习素材与运用范例、语文实践的话题与情境、语体与文体等，覆盖历来语文课程所包含的古今'实用类''文学类''论述类'等基本语篇类型。学习任务群的设计着眼于培养语言文字运用基础能力，充分顾及问题导向、跨文化、自主合作、个性化、创造性等因素，并关注语言文字运用的新现象和跨媒介运用的新特点。"虽然这只是概括性的纲领，但已经非常明晰了。《新课标》同时对教材编写提出了"落实18个学习任务群的要求"："必修、选择性必修和选修教材要落实各自的专属任务群，还要落实贯串于高中语文学习始终的共同任务群。学习任务群应依据学分要求和年段特点组合，容量要适当；学习任务群的组织形式和呈现方式提倡多样化，鼓励创新，能为教师的多样化实施提供空间与相应的支架；学习任务群应为学生精选内容，提供典型学习样例。"我觉得针对凌老师提的问题，课标已经说得相当清楚了。我们有时候似乎不太习惯看课标，认为它离具体的教学实施很远，其实不是这样的。只有认真学习课标，落实课标中呈现的课程改革新精神，教学才不至于走样。

随着"学习任务群"的提出，教学内容的边界问题日益显现。以高中语文为例，从必修到选修，18个任务群就是语文相关的18个专业领域，有些还是新兴的语文领域——几乎每个任务都会涉及学习内容的边界问题，此问题存在于两个方面，一是质，二是量。从质上讲，什么内容是高中阶段应该学的，什么内容是高中阶段没有必要触及的，对此课标都有说明，有界定，但是如何理解这些说明与界定又派生出新的问题。以学习任务群10"中国现当代作家作品研习"来说，"旨在大体了解现当代作家作品概貌"这一句如何落实？什么是"大体"，什么又是"概貌"？弹性都相当大。再来说量，在对质有了大体明确的把握之后，在量上又如何限定？"精读代表性作家作品"，读多少？——"至少选读10位现当代代表性作家的诗歌、散文、小说、戏剧方面的作品"。课标规定了10位代表性作家，但不曾规定作品，而一旦涉及作品层次，教学差别就非常大，一是每位作家的作品应选读几部，这一方面就存在差别；二是读甲著作和读乙著作，篇幅上的差距也比较明显。这些都是我们在执行《新课标》和使用新教材时面临的问题，这些问题还是浅层次的，随着教学的展开，许多深层次问题会逐一暴露出来。因此，没有边界意识是不行的。

梅 香：唐缨老师，您对"任务群教学"有没有一些具体的思考与建议？

唐 缨："任务群教学"的提法毫无疑问借鉴自"项目化学习"，但无论是怎么提出来的，就我认识的大多数教师而言，其实都不太明确这些概念的内涵，也就无从明确其外延，对于实务性的日常教学而言，后者的模糊不明带来的问题其实更大。毕竟，如果连模仿都失去了对象，连从实例出发去感知理论都难以实现，内涵也就永远搞不懂了。所以有老师说，"任务群"成了"包袱群"。甚者，很多老师觉得自己水平再差，至少教的还是语文的样子，现在连自己是不是在教语文都开始感到困惑了。这其实是最严重的，因为这将动摇语文学科存在的根本。而就目前各地开展的实际课堂展示来看，可谓七嘴八舌、各做各样，不观摩还好，越观摩越乱。这也是上一轮课改未见之景象。但我觉得，乱，也许正说明"风乍起，吹绉一池春水"，总比"古井不波"好。

其实，从教材编写的角度来说，每单元最后的"单元学习任务"已经为教师把握教学内容降低了难度，例如，统编教材必修上册第一单元，引导学生就"青春的价值"展开讨论，这是以写作主题为整合依据。然后就文学阅读必须抓住的"意象""语言""作品与时代"三大问题分层设计、学习指导，最后要求学生学而能写，构成一个相对完满的"群"样态的学习过程，明显区别于以往单篇各自为战、互不相干或仅仅是偶发联结的样态。这种教与学的新形态，其实在苏教版课文中曾经有过类似尝试。但苏教版语文教材一则是用"单元导语"简单带过"单元学习任务"，而有语焉不详之弊；二则是其设计的写作任务往往又有不完全契合学习内容之嫌。因此，统编教材的设计显然是更合理的，也是一线教师首先应该把握住的。

从目前的必修教材编写体例来看，其"单元学习任务"

的构成原则如下：

首先，明确界定本单元的主题词，一般是根据内容和主旨来设计主题词的。

其次，针对不同类型的作品，揭示出阅读的基本方法或关注要点。一般来说，这关乎作品的表现形式。

最后，秉持"学以致用"，在一个或若干情境创设中，要求学生完成与本单元匹配的写作任务。

教师可不可以打破教材的规定自己来设计？当然可以，但是要慎重，所谓的要"掂掂分量"。在自己学养充分、理解教材充分、评估学生学习要素充分的"三充分"前提下，不妨做点自己的创造。所谓的教学个性，通常会在这样的过程中形成。但这个过程一定是艰辛的，而且是意外不断的，教师要有足够的心理准备，尤其是要注意不能把个性化创造变成误人子弟。

"任务群教学"有一个比较薄弱的地方，恰恰也是语文学科本该高度重视的地方，即"尊体"而教。在高中语文统编教材必修上下两册11个"单元学习任务"中，对于"尊体"或多或少都有所涉及，但总体而言是比较松散、单薄的。我自己通过多年的教学实践，越发意识到"尊体"对于语文教学而言所具有的根本性意义。"李广"这一形象在司马迁《史记》和班固《汉书》中的不同呈现，本质上就是两类"文体"不同造成的，当你只用同一种"史书"的体例来考查时，这种差异性就消泯掉了。在2015年第四届"苏派语文教育论坛"上，我开设的公开课《微型小说之"赏味"》引起了一些反响，而设计的初衷就是捕捉微型小说作为特定文体而具有的特定鉴赏规律。"文体，不仅是体裁，更是体制与体性，'体'的本质，就是艺术赖以存在的生命形式，融具体形式与抽象本体于一身……文学史发展的内在驱动力之一，也正是不断的'辨体—尊体—破体—创体'的循环。拥有良好的文体意识，是教师开展篇章教学的前提"，"文体首先是一种文学机制，是一种隐性潜在的规约，其作用就像马尔库塞说的那样，'把一种给定的内容（即现实的或历史的、个体的或社会的事实）变形为一个自足整体（如诗歌、戏剧、小说等）所得到的结果'。所谓'变形'，也就是对题材质料与作家个性作出强有力的约束与范塑。我们欣赏、解析一个作品，不能不对这股潜在的强大力量保有足够的关注"。（《篇章教学与文体意识》，《语文建设》2017年第13期）

例如，必修上册第三单元，我就没有完全采用"单元学习任务"的内容，而是从"尊体"的角度出发，设计了"古体与近体""诗与词""豪放与婉约""苏放辛豪"四个互为交集、相互衔接的子任务群，最后同样落实了"单元学习任务"所提出的"对社会的思考和对人生的感悟""体会古诗词的音韵美""深刻的意蕴和独特的艺术匠心"等学习要点，学生自始至终兴味盎然，学习的投入程度较以往也有所提高。黄厚江老师曾说，对学习任务群而言非常重要的一环就是开发并建构子群和小群，"尊体"毫无疑问是开发与建构的核心出发点之一。

凌宗伟：我有个观点是：群文阅读必须建立在对单篇的理解基础上，单篇没弄明白的群文阅读难免一知半解。

（四）

必须关注"整本书阅读"的实效性

凌宗伟：新高中教材将《红楼梦》与《乡土中国》列为
"整本书阅读"的两项任务，袁老师，您作为一个区域的教
研员，觉得这两项任务的教学对教师而言是怎样的挑战？或
者说，要很好地完成这两本书的"整本书阅读"任务，您觉
得教师应该做好哪些方面的准备？从学生的实际情况看，您
觉得通过这两本书的阅读，学生能获得些什么？这两年各地
名师设计的这两本书的"整本书阅读"的方案不少，面对这
些设计，您对从事高中语文教学的教师有何具体建议？

袁　菊：《新课标》提倡"多读书、读好书、好读书，
读整本的书"，这是很有针对性的正确导向。近年来，不少

省市已经尝试通过高考语文考查读书的情况，围绕课外阅读设计试题，引导"整本书阅读"。譬如，四川省出过这样的题：从曹雪芹、贝多芬以及文学形象大卫·科波菲尔中任选一人，续写下面的话"即使在最恶劣的境遇中，人仍然拥有一种不可剥夺的精神力量，这就是苦难带给人生的意义"。这样的题其实就是考文学修养和阅读面，考表达能力，考理性思维能力，也是微写作，非常好。2021年，江苏省高考语文首次使用全国卷，以前江苏省考卷的文字阅读量基本在5000字左右，而全国卷却冲到了近10000字，几乎翻了一倍。这就需要考生具有极快的阅读速度、极强的阅读能力，否则别说得高分，可能连考卷都来不及看完。这就直接关涉我们的语文教学，不能都是精读课，一定要让学生学会自读，学会"整本书阅读"。新高中教材将《红楼梦》与《乡土中国》列为"整本书阅读"的两个任务，就是基于这样的背景，这既是一个"个案设置"，也是一个"典型设置"。假如这两本书的教学任务圆满完成了，对其他的指定篇目阅读、泛阅读而言都是很好的示范。

您问"对从事高中语文教学的教师有何具体建议"，这其实是一个无解的话题，因为"教学有法，教无定法"。作为指导者，每位教师的底蕴、爱好、风格都不尽相同；作为阅读者，中学生阅读能力囿于自身的生活阅历、社会视野、学业压力等，必然是参差不齐的。阅读，是个体生命的独特体悟，是个体思维水平的体现。我认为，指导这两本书的阅读，如果教师用灌输的方式来告知学生应该读什么、怎样读，学生也只是被动吸收知识，无法真正体会名著阅读的精髓。教师应该充当对话者，以自身的生活阅历、社会视野、阅读体悟等启迪学生，引导学生的阅读。具体地说：

1.教师作为阅读者参与阅读活动，分享自己的阅读体验，与学生对话。教师作为引领者，帮助学生准确解读文本，提升阅读体验。在《红楼梦》与《乡土中国》中，学生对《乡土中国》兴趣不大，此时教师应当先行阅读作品，思考体悟，进而设计思路，带领学生阅读。比如，可以将这部名著与毛泽东的《湖南农民运动考察报告》比较阅读；教师也可以根据地域特点，带领学生做田野调查，看看当代社会与费孝通先生调查的情况有何异同……这些方法，可以有效地提升学生的阅读感悟。

2.阅读让学生获得生命体验的提升和思维的提升。名著阅读的要义是潜移默化地影响阅读者，提升阅读者的生命体验与思维水平。与此相对应，新课标全国卷考试恰恰也是要考查考生阅读的独特生命体验与思维能力水平。高考也许不会出现名著相关的具体试题，但考生在阅读名著的过程中培养出的能力必然对做题有益。

3.可以参考整本书阅读资料，但要以学生的学情为主。每种阅读主张的提出必然倾注了设计者的心血，也一定有可取之处。目前市面上有很多关于整本书阅读的设计，高中一线教师要取长补短，汲取精华。每一个设计都必然是设计者自身阅历、视野的再现，教师应该考虑到这个问题并从对话的角度思考，不能为图省事而不加辨别地使用，轻易地让出自己的思考空间。

凌宗伟：汪政老师曾经谈到，"网文的写作与阅读占据了全民读写的半壁江山，已经成为中国人读写生活的主体。现在，影响人们阅读生活，成为人们生活'燃点'的基本上都是网文。不仅是网络文学，还包括各种网络媒体天天、时时制造出的网文"，这些我们都要知道，而且可以放手让学生去研究。您还认为现在流行的听书频道"是二次创造，它能在有限时间里将原著转述得既保真而又具有新意，入脑入心，它比现有的语文教学效率要高得多"，但我的困惑在于，"整本书阅读"是课标与教材规定的学习形式或教学形式，作为中学语文教师必须按照课标与教材的要求组织教学，请问您对此又有些什么建议呢？

汪　政："整本书阅读"是个新问题，现在大家都在探索。当然，这也可以说是一个老问题，古老的问题，因为书籍阅读行为很早就出现了，人类在如何读书上已经积累了丰富的经验，也总结出许多行之有效的方法。所以，在我看来，我们首先要思考的是：原本人们所读就是整本书，为什么现在要特别地强调"整本书阅读"？不读整本书读什么？读半本书？读三分之一本书？以前的课标也提出了课外阅读的书目，那也是阅读整本书，为什么当时不曾配套提出"整本书阅读"？无怪乎有人对提倡"整本书阅读"感到疑惑。所以，只有找到提出"整本书阅读"的原因，才能明白这一主张与任务的意义，才可以找到解决问题的方法。其次，"整本书阅读"是针对学生的，是学习任务，我们要从学生的角度去思考他们如何进行"整本书阅读"，他们在"整本书阅读"上有困难吗，困难是什么。只有充分了解学生的"整本书阅读"状况才能提出有针对性的方案。

我之所以这么说，是对当下铺天盖地的"整本书阅读"的教学设计不满意，很多设计都是想当然、为任务而任务的，把本来简单的问题复杂化、烦琐化、神秘化了。读书本是一件自然而然的事，前人已经总结出那么多方法，有观念上的，也有技术上的，为什么不介绍给学生？如果说为学生设计，就应该去做一点踏踏实实的事，做一些学生阅读情况的调研，做得细致扎实一点，了解不同学段学生的阅读兴趣，包括文体、题材等；了解他们的阅读积累，都读了哪些书，常见的书目有哪些，平均阅读量是多少，任务型阅读与休闲型阅读的比例是多少；了解他们的阅读习惯，什么时候读书，在哪里读书，单次集中阅读的时间有多长，书籍来源于何处，主动阅读与被动阅读所占比例；了解他们的阅读方法，包括阅读速度，阅读方式（有声或默读），做不做读书笔记，读书笔记的类型；等等。在此基础上还可以围绕学生的阅读观念、标准、建议等开展问卷调查。我相信，如此一来会发现许多问题。而且，这样的调研可以让学生参与，甚至就让学生做，不仅有利于学生了解自己的读书情况，更有利于他们发现问题，解决问题，培养自己的阅读人格。

我会推荐一些优秀的读书频道，用意在于广开读书途径，吸取有益于学生读书的好的理念与方法。其实，不仅仅是听书，现在各大媒体的读书频道、读书平台非常多，各有专长与特色，有各自服务的目标受众。通过这样的推荐，我想强调的是，不只是学校和教师主张"整本书阅读"，全社会都在推行，"书香社会"建设这么多年，全民阅读开展这么多年，已经形成了全民阅读、全科阅读的局面。走出校门，走出课堂，我们会发现，社会上的许多读书活动开展得非常好，效率也很高。说实话，有些读书活动比我们的一些老师做得好多了，我们老师不要一个劲儿地关着门研究"整本书阅读"的方案，要走出去，看看别人怎么做，会打开思路的。

凌宗伟：是的，教学研究需要开放的心态、宽广的视角。

梅　香：我想请邬建芳老师以《红楼梦》或《乡土中国》为例，谈谈在对学生进行阅读指导时要注意些什么？

邬建芳：在学生功利性阅读、浅阅读日益盛行的当下，高中生"整本书阅读"教学显得尤为重要。新教材高一必修上册的第五单元，"整本书阅读"作为独立单元，就以《乡土中国》为例，作出明确的"意图阐述""阅读指导"和四块"学习任务"的参考设计。

而语文教师的阅读指导，我觉得要注意以下几个方面：

1.激发学生的阅读兴趣。《乡土中国》是一本学术类著作，对于高中生来说有些抽象且晦涩。所以在学生阅读之前可以给学生介绍作者写书的经历、与书相契合的生活事件等，了解它作为2020年清华大学给新生的赠书的不凡阅读价值。

2.引导学生建立阅读预期。比如借此了解中国乡村历史文化，学习社会学研究的方法，为解决当今农村问题寻找答案，等等。

3.细心指导研读方法。除了教材上建议的先粗后细、逐步推进、抓住核心概念、把握作者观点等，还可以有以下方法：

（1）绘制思维导图。每篇绘制一张思维导图，梳理出写作思路。整本书也同样绘制一张导图，厘清各篇章之间的联系。

（2）介绍阅读批注的方法。比如感受、点评、联想、仿写式的批注方法，并且给学生相应的示范。

（3）推荐一些社会学的拓展阅读书目。比如费孝通的《生育制度》，梁鸿的《中国在梁庄》，鲁思·本尼迪克特的《菊与刀》等。

4.下发过程性评价表。教师设计过程性评价表格，每个过程都给出相应的内容、标准和分值。学生在自主阅读过程中就可以参照阅读流程进行自我评分。

5.设计形式多样的任务、分组达成。比如贴近生活的调查访问、手抄报、演讲、辩论赛等。

以上所有阅读方法和策略，要想取得预期效果，都要依靠教师自己深入的读解和阅读示范，教师领会得越透彻，指导才越到位。

学术类文本教学对语文老师自己来说也是一种挑战，要先去实践，比如从"序言""后记"入手，把握这部社会学著作的写作背景、社会（时代）土壤、学术价值，据此定位作品、设计阅读活动、提炼阅读价值。此外，还需要尽量联系生活事实、文学作品、影视片段等生动的情境来破解抽象的理论概述。体验"嗑瓜子"的乐趣，赛过直接吃瓜子仁。语文教师把"亲历体验"到的经典作品的魅力与价值，真诚地分享给学生，是最好的阅读"诱饵"。但是"整本书阅读"对时间的要求和学生有限的阅读时间总是存在矛盾，除了开设阅读课，还要保证课余、周末、假期的阅读时间，否则就只能流于形式。

至于《红楼梦》的"整本书阅读"，更是一项大型系统工程。中学生阅读《红楼梦》这种大部头存在不少困难和障碍，阅读的热情不是很高，需要老师和专家的引领。教师首先自己要读好《红楼梦》原著，还须对各派红学研究有所涉猎。

鉴于《红楼梦》的阅读实在太"巨型"，我这里仅谈一小点吧，就是为学生选好红楼探秘的"拐杖"——一套优质、适宜的助读资料。

现在市面上各种名著导读的书很多，但对名著的误读误导也多，过度阐释、碎片化分析、心灵鸡汤式的解读比比皆是，甚至脱离文本内容借题发挥。有些导读只有热度而没有深度，以庸俗的解读消解了《红楼梦》的深刻和雅致，只能满足大众猎奇与短暂愉悦的心理。历代红学家略显艰深的学术论著又让学生望而却步。

我们语文组为推进《红楼梦》的"整本书阅读"，一直大力推荐的助读资料有：台湾著名艺术家蒋勋的《蒋勋说红楼梦》（八辑），比较浅近，适合初读红楼者做入门导读；作家王蒙的《王蒙活说红楼梦》，见解独到，关键是作家的语言有灵气好读；还有中央美院老师董梅开设的课程"董梅讲透红楼梦"，从生活美学、文学、象征符号、哲学、社会学等视角专题式破解红楼之美、红楼之谜、红楼之浩瀚，也很值得一听。

如果从更实用的角度来看，安徽师范大学文学院副院长俞晓红主编的《悦读红楼》也值得参考和推荐。它是中国红楼梦学会、《安徽教育科研》《学语文》等联合举办的2021年"全国《红楼梦》整本书阅读"主题征文活动获奖优秀作品的结集，里面收录了不少一线教师就如何展开"《红楼梦》整本书阅读"的教学分享和中学生阅读《红楼梦》的心得等。

《红楼梦》本就是一部值得与之"痴缠"一生的巨著。学生若能在中学阶段，在老师和学者的引导下，入其门，窥其景，结识几个"红楼中人"，从此念念于心，也算是小小的阅读成果了吧。

梅　香：唐缨老师能说说您的看法吗？

唐　缨：王栋生老师曾经批评过当下的"整本书阅读"。首先从课程设计到教材呈现再到施教行为中的诸多环节，都存在着王老师批评过的若干问题。再加上"整本书阅读"的教材化，势必会引发基层教师"配套"大量的肢解和所谓的"练习"。一些省份曾经搞过的"文科加试"项目，其引发的大量负面后果（当然也有其所得之处，不宜一概否定），似乎迄今未引起设计者的注意。我们已经看到现实中，有多少学校在"拆解"《乡土中国》和《红楼梦》，以备"命题"所需！

　　其次，把"整本书阅读"和任务型教学结合起来也令人疑虑。我曾和一位教研员讨论过，我们自己从小到大读了那么多"整本"的书，撇开教辅用书不谈（那压根儿就不是阅读），我们究竟是带着怎样的"任务"感去读书的？似乎没有啊。我们是抱着好奇心，被故事情节或个性化的语言深深吸引，从而走进文学的世界中，去游历，去幻想，甚至去胡思乱想。我读《射雕英雄传》时，就觉得自己身陷乱世之中驰骋江湖；我读《神秘岛》时，就觉得史密斯等人战胜了大自然十分了不起，甚至由此引发了我对物理、化学的兴趣；我看《星球大战》时，总觉得自己拥有绝地原力……哪里有什么"任务驱动"？我读大仲马的《三个火枪手》时，曾经用笔把两册书里令人捧腹大笑的句子画了个遍（那可是20世纪70年代的繁体字版本）。现在想起来，不就是被译者绝妙的笔触深深吸引了吗？上高中时，我痴迷于鲁迅，写作文自然而然地就模仿起迅翁的腔调，甚至不吝于"抄袭"一番，时至今日同学聚会时都还记得我当时的文风。要说有什么"驱动"，我认为"语言文字的磁吸力"才是唯一的真正的驱动，而不是什么教学设计、反复练习。

凌宗伟：其实"整本书阅读"也不是什么新鲜事。1942年，叶圣陶先生在《论中学国文课程的改订》一文中就曾明确提出要阅读整本书，"该把整本的书作主体，把单篇短章作辅佐"，"对于阅读能力的培养，非课外多看书籍不可"。只不过现在将它作为必修任务了而已。

第三章

语文教学纠偏与除弊

（一）

当下语文教学面临的主要困境

梅　香：几位一线的老师，能具体谈谈当下尤其是《新课标》实行以来高中语文教学存在的主要问题吗？以你们的观察和经验，你们对改进这些问题有何建议？

唐　缨：对一线教师而言，目前存在的主要困境是，无法理解随顶层设计而来的整体教学观念的改变。上一轮课改——从人教社统编教材、全国卷试题变为江苏省自编教材、江苏省自主命题——曾经短时间地造成震荡，主要是因为适应了应试教育的老师们在短时间内舍不得放弃固有的教学套路，但是新课改带来的语文学习尤其富有生机，大大解放了学生的思想，提升了学生的阅读层次，促使作文教学开创出前所未有的良好局面。而高举人文素养大旗的教学理念，更是前所未有地区分出语文学科与其他学科的不同特质。尤其是每年高考结束后，几乎全社会都在讨论高考语文作文题，争论激烈，活力四射，可谓盛况空前。凡此种种很快令这次课改深入人心，甚至改变了众多教师自身对语文教学的观念。

当下发生的课改，作为其纲领性文件的《普通高中语文课程标准（2017年版）》颁布施行数年了，但坦白地说，大部分教师依然还沉浸在上一轮课改的美好中，虽然很多人已经逐渐意识到从苏教版教材到江苏卷高考模式都出现了很多问题，有的问题还很严重，但"三维目标""工具性和人文性并重"的惯性实在强大，直到统编本教材重新回归，自主命题时代结束，一些教师才感觉到了改变教学方式的紧迫性。

同时，和上一轮课改相比，教育管理层所开展的培训辅导的力度、效力是有所不及的。比如说，上一轮课改，来为基层教师进行新课程理念辅导培训的，往往是一批深孚众望的名师名家，他们凭借高尚的人格、丰厚的实践，早已在坊间享有盛誉，因此他们的谈话、诠释，往往能比较顺利地得到广大教师的响应。而本轮课改的培训，则出现了更多新生代力量，其中一些并不为教师所知，还有一些则因其过于个性化的"新锐"见解反而造成了广大教师的不理解甚至是反感。问题最严重、和上一轮课改对比最鲜明的是，教学实例的公信力出现危机，依据2017年版《新课标》开展的若干次高级别展示课、观摩课、评优课，几乎每次都造成肯定与否定、表扬与质疑的对立局面，让很多老师内心彷徨，不知何去何从。

就具体教学而言，目前，基层教师普遍反映对三大关键概念——任务、情境、群——无法理解，不会操作。虽有不少方家加以诠释，但不接地气，不够实用。同时，随着课程改革的推进，这些核心概念一方面在逐渐发挥其该有的影响力，另一方面却饱受质疑乃至非议，这种情况和"三维目标"的遭遇是大相径庭的。

先谈对"群"的认识。虽然教师对"学习任务群"的具体构成项目与内容已相对较明确，但问题是，教材本身永远不可能成为"群"本身，叶圣陶讲的"无非是个例子"依然是教材编写恒定的样态。同时，不管什么样的理念，古今中外的语文教材都必然由单篇构成。一些专家诟病教师眼里只有单篇没有"群"，把整体的语文给教成了"碎碎念"，确实击中要害。但问题是，基于教师自发的所谓"整合"，能不能真正契合设计者眼中"群"的本质，此其一。其二，即便走到了"群"的教学地步，会不会是一种换了形式的"碎碎念"？其三，"群"势必量多面广，势必要从单篇走向群文，而且不同的整合与辐射方式弄不好就会造成群文数量与品质的失控，造成读了一"堆"文却没有习得"群"文精髓的尴尬局面。其四，也是一个非常实际的问题，目前的高考，不管什么学科组合，其"3+1+2"的模式本质上还是六门学科的量，和以往的"3+2"模式绝不可同日而语，学生的语文学习时间究竟有没有充足到保障"群"学习的程度，实在令人疑虑。

对上述问题，我只有一个想法，那就是，教不好单篇的教师是不可能开展群文教学的。无论是单篇还是群文教学，如果你的指向不是核心素养，那么它们都是不符合本次课程改革精神的。同时，语文教师应该在整合单元、辐射课外、形成群文的过程中，尽可能秉持"以类相从"的原则。这种"类"，可以是相对外在的同类主题，也可以是同类文体，但更重要的应该是同类核心素养训练的内在取向。

再说"任务"。这个问题是当前争议最大的部分，力推者和反对者都广泛存在。对这个问题，我个人觉得教师有必要树立一个基本观念，那就是对自己的教学设计、课堂流程、效能评价做一番省视：其一，我的教学，在提升学生思维、审美和文化修养的过程中，是不是建立在语言基础上的？其二，学生的这种提升，是不是既习得大量的知识，又形成扎实的实践能力？所谓实践，是指用语文学科的素养来发现问题、提出问题、解决问题，包含深度的鉴赏、个性化的表达、合理的交流、生活的参与等。如果自省之后得到的是肯定回答，那么即便你没有上过那些把课文改编为剧本、把课文变成导游词、把语文变成绘画或音乐课堂的"时髦"课，也不用焦虑，因为你的教学驱动力就是真正源自"任务驱动"，你的手段、方法、环节等都是有效的"任务设计"，何必焦虑！要坚信，"时髦课"在每次课改初期都大量存在，而今安在哉？

最后说一下"情境"。这可能是设计者初衷最为良好，而基层教师误解最大的一个概念。

任何一篇课文，不论是文学性的还是非文学性的，都会随着内容的展开而形成自然的情境。情境固然可以是外在营造的，例如某些实景教学、某些课本剧表演，但情境更应该是内在的。《新课标》指出情境包含"个人体验情境、社会生活情境和学科认知情境"，但同时我们应当对此加以必要的展开：个人情境是可以激发的，但它不可替代；社会生活情境是可以复制的，但它不可以假造；而学科认知情境更是需要即时把握，并非可有可无的。一言以蔽之，教师对那种想当然而随意设置的所谓"情境"，一定要小心，搞不好就会重蹈上一轮课改某些"时髦课""表演课"的覆辙——它不再是语文课，提升的也不是语文素养。从微观层面说，假如教师的情境创设是随意的，也很可能会干扰学生的参与，学生光是厘清教师设计的情境就花了不少时间和精力，诚可谓南辕北辙。有老师曾举过一个案例，好好的《项脊轩志》不加以品读，却一直在引导学生凭空想象"项脊轩景点中人物设计的情态"，试问，这种纯粹虚构的情境对课文的阅读有什么促进价值呢？

梅　香：王雷老师，关于当下高中语文教学存在的问题，您的印象是怎样的？以您的观察和经验，您对改进这些问题有哪些具体的建议？

王　雷：语文教学是一个整体，当然，不同阶段的教学内容和任务不完全一样。但语文的学科特点是确定的，不同阶段的学习方法是一样的。高中语文教学存在的问题，就是初中语文教学存在的问题，也是小学语文教学存在的问题。这个问题不只是当下才出现的问题，当然也不是《新课标》实行以来的问题，而是一直存在的问题。

这个问题是什么呢？就是我们的语文教学在整体上是失败的。我说的是"整体上的失败"，意思是，无论是小学还是中学，无论是阅读教学还是写作教学，无论是知识课程还是活动课程，无论是训练、考试、命题、评析，还是教学内容、教学方式、评价方式等，只要是你能够想到的、跟语文教育教学有关的事情，就基本原则和思路而言，都是与真正意义上的语文、与真实的生活、与现实人生背道而驰的。中小学十几年的语文教学实质上是没有什么意义的，它基本上就是在消耗学生的生命。如果说学生还有一点点语文素养和能力，那也跟中小学语文教学没有多大关系。你不教，他也会；如果没有中小学语文教学，学生的语文素养或许还更好一些，至少不会比现在更糟糕。这不是我的发现，早就有人讲过，一直有人在讲，而且都是重量级人物在讲。大家也在想办法去改，但改来改去——就我的体会来说——没有也不可能有任何起色。问题究竟出在哪里？就在于我前面讲的，在语文与生活的关系、语文与现实人生的关系上，我们没有认识清楚。

凌宗伟：我基本认同王雷老师"整体上的失败"的判断。其原因大概有这样几个方面。一方面是因为语文名师往往能说能写，动辄弄出"××语文"来博人眼球，"事物的发展变化总是越来越复杂，而不是越来越简单。有些人对复杂性司空见惯，甚至还会添加更多元素，从而进一步增加了复杂性"。这一个个"××语文"不仅让人眼花缭乱，还会让人失去自信，怀疑自己教的是不是语文。另一方面可能是语文教师群体普遍存在的偶像崇拜、唯专家是瞻，以致失去了独立思考，很少有人埋头研究如何改善语文教学。此外，还可能是不少语文教师本身对教学的理解使然。前面两个方面姑且放在一边，我们还是从教学理解方面作一点探讨。以教学中的"拓展"为例，我好像看到春光老师曾经与其他老师探讨过，春光老师的基本观点是，语文教学中的拓展要"从语文的点出发，以语文的点（面）结束"。对这个观点我是认同的，今天某些有影响力的语文教师确实存在一股不好的风气，动辄"拓展"，常常抛开了文本本身。

岳春光：您说的那次探讨是很久以前了，有十多年了。我当时的主张确实是"从语文的点出发，以语文的点（面）结束"，现在看来我依然坚持这个认识，因为受制于学生的接受能力，我们的教学其实拓展不到真正的"面"上去。

为什么会有"从点到点"的这个想法呢？因为通过对语文教学的思考，我发现语文学习其实就是一个散点习得的过程，而不是一个线性过程。每个人都是通过一个又一个的知识点和能力点逐步形成自己在语文上的认识和能力的。而且由于语文应用的普遍性，某个知识点、能力点不一定只在语文课堂上才学得到，但如果语文课堂教学不聚焦在某个知识点或能力点上，就丧失学科的价值了。

在我的理解里，国家设置语文学科的目的是把语言文字的运用规律通过教学手段传授给学习者，从而使学习者能够快速、灵活、高效地使用这些规律。但遗憾的是，教材的编排往往只是依据文字多寡、体裁风格、年代特征等标准，教材虽然提出了一定的教学指导要求，但并没有指明教师应该围绕哪些运用规律来教学，学生应该围绕哪些运用规律来锻炼自己。产生这样的问题，其实跟语文学科自身发展的特殊性有一定的关系。

语文单独设科可以追溯到1903年，然后历经多个阶段发展到现在，其间虽然有人提到过语文规律的问题，但绝大多数人都把时间花费到教材内容更迭的争论上，也就没有闲暇探讨语言文字运用规律了。我们看看其他学科就会发现，其他学科教给学生的都是成熟的系统知识，而语文学科的任务却是两个：一个是对本学科知识的系统归纳，另一个是把本学科的知识传授给学习者。而目前由于第一个任务被放空，所以语文教师大多只能照本宣科，按照教材的编排来授课。在这个过程中，往往就会出现您说的，在拓展时抛开文本、信马由缰的情况。因为教材中并没有明确呈现关于语言文字运用规律的要求，也就没办法约束教师拓展的边界，所以一到拓展这个环节，教师就"放飞自我"了。

可能您会问我，语言文字运用规律到底有哪些？这个问题我也说不好，因为总结归纳语言文字运用规律是一个大工程，可能需要几代语文人的共同努力才能实现。或者说语言文字运用规律是我个人构想出来的一个比较空泛的概念——

并非没有可能，但只是我探索的一个方向。下面我就具体地说说我在教学中是怎么做的吧。

我教《荷塘月色》时，把重点放在注重作者的情感变化、利用排遣郁闷的共性行为、强化学生的认识过程上。主要有三个点：

1.讲脉络，不开心——出去散心——赏风景——心情好转——平静回家。"其实每个人都有过这种经历是不是？"很多学生点头。我又说："你们把这个过程记录下来不就是一篇文章？在这一点上，我们和朱自清的差别就是没有记录而已。"

2.讲"不开心"——从离家到荷塘上的景物色彩就可以看出来；讲"开心"——《采莲赋》《西洲曲》色彩明亮。

3.荷塘一段，由上到下，一物一说，一说一喻，近如聚焦，退看全景。至于比喻得恰当与否要看个人造化了。

这三个点分别对应了"用文章记录生活事件的历史过程""从词语上捕捉作者当时情绪""如何使用视点的变换构建画面感"这三个语言文字运用的规律。当然，这几点能否称为规律，还需经过更多老师的商榷和确认。

再如，教《烛之武退秦师》时，很多老师都把重点放在烛之武的形象分析上，这样教明显是受文学创作中人物形象分析的影响。但我觉得，这篇文章的重点不是要树立一个文学上的典型形象，作为对一个历史事件的描述，这个事件中各方面的人物活动共同折射出的经验更应该得到关注。所以，我确定了以下两点：

1.劝说术语言＋智慧＝力量——需要了解具体的情势、选择恰当的对象和时机（策略）、精心组织语言，才能达到劝说成功的效果。

2.还原这篇文章作为历史文献的本来面目，不去关注烛之武的单一形象而是追寻文中四次不同人物之间对话的背景和利弊关系，从分析中得出四组对话其实都体现着一个相同的原则——趋利避害。以此为鉴，士可以知利己，将可以知利战，君可以知利国。

在第一个点上，我们可以让学生了解如何展开劝说策略；而在第二个点上，则让学生通过分析文中人物所处的形势来确认历史人物的行为动机，从而学会如何在阅读历史叙事类文本时发掘文本的最大价值。我在教学过程中的具体探索还有一些，有的记录下来了，有的没有记录下来，只能说是个人的一些尝试，还远远达不到成为共识的程度，也很难说是什么规律，权当是我在确立知识点上的努力吧。

总的来说，我认为对于语文教学，确立训练点是我们减少游离文本的关键所在，只有训练点明确，我们的语文教学才能发挥更大的效用，学生才能获得更切实的收获，到时也就会减少一些教学中的跑题现象吧。

梅　香： 2020年9月，江苏省曾经组织过一次聚焦普通高中新课程全面实施、《新课标》全面使用、新高考全面推进背景下的教育教学视导。调研显示，高中语文教师普遍不重视评价设计，多数人并没有真正理解、研究国家评价方式的变化，总是习惯性地跟在既有的评价形式后面去组织策划自己的教学，高三教学仍然只在既有的考试题型背后下功夫，而不是从评价理念和评价技术的层面去研究教学。我觉得这也是一个普遍存在的问题。如何看待高中语文教学中教师评价素养的提升？我想听听唐缨老师的意见。

唐　缨： 诚如您所说，教学评价是个体系，它涉及评价理念和评价技术，正因如此，它才会被称为"国家评价方式"。我一直认为，教学评价本身应该是国家层面的顶层设计，而且不应该具有二次以至多次设计的必要性，因为国家对于人才培养的高度是任何个人都无法完全把握的，在这种高度下形成的具体化的评价条目，也必然有着任何个人单凭一己之力无法构建的广度和精度。从这个角度说，苛责教师不能开发教学评价项目，是很不公正的。而且从现实的层面讲，假如评价体系都能由着个人好恶、能力高下做随意的变形，那么它最终必将走向无效。我们为什么认为高考这个评价方式是最公正的，原因就是它不能由个人来决定。这里面有个责任归属的问题，订立游戏规则和执行游戏规则的不应该是同一批人。规则执行得不好，可以开专题讨论，但不该责备其不会订立规则。

教师认真研究国家的评价标准，学会合适的评价方法，运用合理的评价工具，都是必需的。但这些也都应该是由国家"委托"的，而不应该是教师自己"创建"的。至于批评教师总是跟在既有的评价方式后面去组织教学，这更是有些无理了。教师不跟在既有标准和体系后面开展工作，又能跟在什么后面呢？等新课程的评价标准真正完善、推广、落实之后，不还是得跟着这个新的"既有"而走吗？至于高三教学，它真的只能跟着高考试题及评价标准走，这是真实的生活所决定的，我们不必在已经很苦闷的师生身上再人为地增加一些心理负担。更何况，假如我们的高考是良好的，跟着它去组织开展教学，又有什么不好呢？

梅　香：您的观点有一定的道理，但我觉得，若过于强调教师对国家标准的跟随，可能也容易妨碍个体的主动创新。新课程改革的推进，国家层面固然有顶层设计之责，也希求老师们在新的理念指导下能有个人的积极探索。

凌宗伟：我参加过不少教育培训活动，作为培训者，我很关注教师的课堂教学是不是从课型出发与实施的。精读、略读分课型教学，在精读课和略读课中都重视参读的指导，使精读、略读和参读相互配合起来，以利于培养学生独立阅读的能力和习惯，是叶圣陶对阅读课课堂教学结构改革的一个重要观点。叶圣陶说："学生从精读方面得到种种经验，应用这些经验，自己去读长篇巨著以及其他的单篇短什，不再需要教师的详细指导，这就是'略读'。就教学而言，精读是主体，略读只是补充；但是就效果而言，精读是准备，略读才是应用。"现行小学语文要求精读和略读分课型教学，中学语文要求教读和自读分课型教学。但就我的观察，老师们普遍搞不清精读与略读、教读与自读的课型区别。最近我在线听了几位小学老师的课，教的是带"＊"的课文，也就是略读课文，但他们都上成了精读课。即便我提醒了精读课与略读课是两种不同的课型，应有课堂教学的区分，经过二次备课后的二次教学也还是上成了精读课。

我认为从"精读"到"教读"实际上是一种教学转化，教师要做的重要工作就是提示、指导、帮助学生将精读课上学到的种种方法运用到当下这篇略读课文的阅读中来，将知识转化为技能。我曾经写过一篇文章《像上"自读课"一样上〈昆明的雨〉》，在文中讨论了如何分课型进行阅读教学。尽管都是"阅读"，但"教读"与"自读"终究是有区别的，区别在哪里？我认为还是在"课型"上，简单地说，"教读"就是教学生读的，"自读"就是让学生自己去读的。对于自读课文，如果像"教读课"一样去设计教学，实施教学，或者以"放羊"的方式让学生去"自读"，显然都是不尽责、至少是不专业的。那么，"自读课"怎么设计与实施，"自读课"上如何让学生自己读起来？我的理解就是教师要指导学生用他们在"教读课"中学到的这类课文的阅读方法自己去读，学生在阅读过程中遇到困难自己解决不了时，教师要及时地施以援手。更为重要的是，教师必须从课程标准与教材要求出发，根据学生的具体情况为学生的"自读"提供方向性指导。教师在教学设计中对文本的结构分析不必花过多气力，而应引导学生通过阅读去品味、体会文章的行文特点，并通过文章中那些令作者流连忘返、回味不尽的画面的描述，走进"明亮的、丰满的，使人动情的"昆明雨季，透过文字去领略作者的审美情趣及丰富的精神世界。同时，教师还要提醒学生在阅读、品味的过程中圈点批注，品品作者的语言与情思，谈谈自己的感悟。此外，既然是"阅读"，从形式上讲，朗读就是一个必需的环节。

简单一句话，略读与自读，最重要的是要放手让学生去读。

我看过晓晖老师的《关于课型分类的课堂教学实践》一文，您觉得老师们如何才能理解课型，并从不同的课型特点出发设计教学？从设计到实施，教师要注意些什么？

罗晓晖：语文课型是我这些年一直在思考的问题。为什么我会关注课型，是因为我自己在长期的语文教学实践中，深感语文课没章法，似乎怎么上都可以。而传统的语文课型分类，解决不了这个问题。

按照传统的划分，语文课有"新授课""复习课"或"阅读课""写作课"这样的分法，这样的分类跟没有分类差不多。以"阅读课"来说，不同文体的文本，阅读教学是一样的吗？诗歌的阅读教学和小说的阅读教学，用一种固定的方式去操作行得通吗？"写作课"也太笼统，一堂作文课究竟学什么？学生要完成一篇作文涉及的因素很复杂，需要弥补的短板很多，一堂写作课究竟要解决学生在写作上的什么问题？教师似乎晓得，但并不真的晓得。那就估摸着布置一个题目让学生去写，写完了教师呕心沥血地改，然后找几篇自认为写得好的和不好的在全班念一下，做几句不痛不痒的评点。这种方式的教学，是根本没办法改变学生的。

所谓"阅读课"也形成了一个基本的套路：板书标题，导入课文，作家作品介绍和写作背景介绍，生字生词的音形义，初读感知，再读品析，三读领悟，读写结合……这看似有规有矩、有章有法，实际上却是一个"大杂烩"。教师似乎什么都讲了，但什么都没讲透彻；学生似乎也什么都学了，但究竟学到了什么也说不清楚。语文课就这样价值稀薄地循环往复，几年下来，学生在这个学科上没有因教学而获得实质性长进——学生肯定是有长进的，他毕竟在成长，自然和自发地成长——我是说没有因我们的教学而有所长进。

我的解决方案是，依据语文学习的"知识与能力"目标，区分不同教学内容的功能和价值，把语文课分为七种课型。这七种课型是预习课、文本分析课、评价鉴赏课、文学史和文化知识课、训练课、综合性实践课、学科阅读课。前五种是关联课本的，后两种不需要涉及课本。

最近一年多，我讲过好多次课型，还专门开了"语文渡"公众号来讲，这里就不细说了。我和成都市武侯区教科院的冯胜兰老师、成都市教科院的袁文老师还指导过一些课例，把课型分类教学付诸实践。

总体上说，预习课、文本分析课、评价鉴赏课、文学史和文化知识课、训练课这五种课型是基于单元教学整体构思的。预习课以单元为单位进行，教师在课堂上指导和监督学生预习，学生借助辞书读课文，勾画圈点做批注。预习是典型的自主学习。然后是文本分析课，教师指导学生学习如何提取文本语义信息，如何整合语义信息，从而实现对文本的还原性理解。评价鉴赏课，通常以单元整合的方式进行，或对单元内文章的思想内容进行评价，或对这些文章的艺术形式加以比较、鉴赏。文学史和文化知识课，是以单元整合的方式进行的，对本单元涉及的作家作品、文化常识等，进行集中的专题性学习。训练课，大家都很熟悉，就是让学生过手。

综合性实践课和学科阅读课，这是课本之外的，但也是非常重要的。综合性实践课也是老师们比较熟悉的，这种语文课重在实践。记得在我读高中的时候，学校每年都会举办中秋游园会，有猜灯谜、做对子、诗词抢答等活动，热闹得就像赶集一样。我觉得那就是语文综合性实践课。学科阅读课，是指为学科学习而开展的阅读课，有点类似现在流行的"整本书阅读"，但不完全一样。语文的学科阅读课的目标，是开阔学生的语文视野，促进学生的语文能力提升。语文学科阅读课所选择的读物，必须是"语文的"。在我看来，读《语法修辞讲话》或读《古今名联选辑》，比读《红星照耀中国》更有利于学好语文。《红星照耀中国》该不该读？该读。该放到哪个学科去读？该由历史教师带领学生去读。历史教师比语文教师更有能力指导学生去理解革命家和革命史，这是显而易见的。在我看来，《乡土中国》《红星照耀中国》这些书，属于历史的学科阅读课的范畴。学生读了这两本书后在历史学科上的收获，比语文学科大得多。

课型这样分类的好处，首先是使得教学内容较为集中，不同课型的教学内容有了边界，非常明确。教学内容明确了，怎样设计教学也就相对简单了。其次，不同课型所聚焦的目标变得清晰，就容易实现教学的突破，避免到处挠痒痒的教学。教学的章法也就出来了。

凌宗伟：谢谢！晓晖老师谈得很好。我觉得，根据不同的课型上课应该是语文教师必须具备的基本教学素养之一，您关于课型分类的思考和实践一定会给老师们带来启发。

（二）

语文教学"设计"存在哪些问题

凌宗伟：据我所知，郑朝晖老师对语文课程的理解、文本的解读以及语文教学过程中的生活拓展颇有研究。总以为相较其他学科而言，尽管语文学科的课标与教材也有体例，但实际上并不是那么严谨，同一个文本放在不同学段、不同年级都可以读，也可以教，这里就有个教与学的起点问题，作为资深语文教师，您觉得语文教师在设计教学起点时应该注意些什么，能不能给同行们谈谈您的建议？

郑朝晖：在专业发展过程中，虽然我也得过不少教学比赛的奖项，但却一直很惶惑，不知自己的教学设计是否真的符合学生语文学习的要求，所以对自己的语文教学也不太自信。不过常常处在这样的不安之中也有好处，那就是促进自己不断反思，不断改变。而目前我反思的结果就是：要真正从学生立场来设计教学，说起来容易做起来很难。

我上过很多课，也听过很多名家大师上课，发现不少课还是停留在"让学生接受教师的一得之见"的状态。教师将自己阅读理解的"独到"见解，通过所谓的"启发"，一步一步让学生进入自己预设的思维路径中，然后似乎是顺理成章地得到该教师早就预设好的结论。这其中有很多问题值得讨论，第一个问题就是你如何保证自己的那个"独得之见"真的合情合理？第二个问题是，教师的思维过程是不是一定就是学生的思维过程？就好比导游带着游客将景点走了一圈，是不是就意味着游客也能顺利地独自走一圈呢？第三个问题就是，一堂课一定要得出的那个结论的"课程依据"是什么？或者说选择自己的"独得之见"作为教学内容有"课程"的依据吗？

现在我的看法则是，语文教学的落脚点还是在学生会读、会写、会听、会说上。用怎样的文本来教，除了应该有立德树人的考量之外，关键还是看文本在读写方面的特点能不能与学生的认知产生"对话"，学生能不能通过文本的学习积累语言运用方面的经验。所以，教师的教学重点似乎不应该是自己对于文本的独到解读，而应该花更多力气去研究教学文本的课程价值。所谓"课程价值"，其实就是从课程设计的角度需要学生去积累语言经验，因此，对文本的教学不该是没有边界的，而应该是遵从课程设计要求的。比如《故都的秋》与《荷塘月色》，课程的要求是理解散文中的景情关系，那就应该从两篇文章在景情关系的处理上各自呈现的特点去分析把握。具体而言，《故都的秋》是相同情感通过不同的景物来表现，《荷塘月色》是在固定的景物中表达变化着的情感。学习的最终结果就应该是学生对作品中的景情关系的认识有了新的提升。如果我们将气力用在诸如文本的多义性、文本创作与作者个人际遇关系的研究上，就偏离了课程设计对学生的经验积累提出的要求了。当然，教师真正的教学功力可能体现在对文本课程价值的理解深度上。比如统编教材必修上册的第一单元，诗歌的教学着重于"意象"，小说的教学着重于"细节"，但是选择单纯地讲意象、细节还是让学生体会意脉中的意象、视角下的细节，就体现教师的学科认知水平了，但最终目的还是让学生对此有更深切的认识与感知。

　　凌宗伟：从教学论的立场出发，好的教学是要"设计"的。但也有老师认为设计是有弊端的，比如唐缨老师。

　　唐　缨："设计"有三弊：曰无设计；曰陈陈相因；曰"墙头草"。

所谓无设计，大多是吃老本，凭着既往的教学印象"盲打"。课堂上信马由缰，上到哪里是哪里。这类教师最"擅长"教文言文，因为课本上都注满了陈迹，照着念就行；最"擅长"评讲试卷，因为参考答案早就拿在手头了。

此类弊病和患者，无解也无救。

所谓陈陈相因，不是吃老本，而是思想顽固，意识落后，对外界发生了什么不是不知道，而是拒绝接受，乃至从根本上反对，因此故意用老一套来对抗新变革。

此类弊病和患者，根本的迷信是"我就照这个路数教，中高考不比你们赶新潮的差，你能奈我何？"。对于他们，只有希冀于走变革之路的人们拿出扎实过硬的成绩来，让他们心悦诚服。

所谓"墙头草"，则是第二类的反面。他们几乎未曾有过自己的教学观，每次风吹草动就急急忙忙换上新装，刚喊过"以训练为主线"，忽而又"三维目标"，忽而又"任务、情境……"，变来变去，脚步虚浮，发招无力，都是些花拳绣腿，弄几篇论文、做几个空头课题，仅此而已。

此类也无解，因为他们的投机行为，每每得到的都是鼓励。但实际深入他们的课堂就会发现，其实毫无新意，只在公开课和写论文时，才"新"一把！

凌宗伟：谢谢唐老师。

汪政老师曾说过：“对现代文教学而言，‘设计’是多余的，甚至可能因为过度设计而制造了许多‘伪任务’和‘伪情境’。”我理解，您反对的是过度设计，也就是那些“伪任务”和“伪情境”，如果我的理解没有问题的话，那么您认为在教学设计中，“任务”与“情境”的设计必须注意些什么呢？您曾经做过中学、大学的教师，还当过如皋师范学校的校长，您觉得中学现代文教学与中等师范、大学的现代文教学有什么共同的特点？最大的区别又在哪儿？如果从评论家的视角，您怎么看新版高中语文统编教材的“任务群教学”？如果从语文教师的立场出发，您能不能针对现代文任务群的教学设计与实施给高中老师们提一点意见或建议？

汪　政：中学、中师、大学是三种不同类型、不同层级的教育。如果从现代文教学上看，前两个教育大概是基础性的，而大学的现代文教学则具有专业性与研究性。但有一点是共同的，就是我们前面所说，教与学都要抓住现代文的现代性本质。也许是因为我做中等师范语文教育的时间比较长，对这一块的语文教育很有感情。2022年是中国师范教育的百年纪念，许多人在做这方面的准备。中国的现代师范教育有自己的传统，为中国教育培养了大批人才，这些人才不仅支撑起中国的基础教育，而且对中国现代文化、对中国的社会主义革命与社会主义建设做出了很大的贡献，有许多经验值得总结。我尚未认真思考过师范的语文教育有没有传统，如果有，这个传统是什么？但在我看来，师范的语文教育确实是有些特点的，比如，在所有的学科教育中，语文是最受重视的。因为师范是培养教师的，不管你以后从事哪个学科的教学，都离不开语文，语文既是师范的一门学科，又是所有学科的工具。因此语文教学设计的教学任务也特别丰富，语文素养的分解也格外细致，比如我们常说的"三字一话"（钢笔字、毛笔字、粉笔字和普通话）——其他教育类型可能不会强调，其他诸如口头与书面表达的教学活动也十分丰富。最重要的是，师范的语文教育尤其重视人格培养，"立德树人"的地位十分突出，因为培养出来的人才是要为人师的，学高才能为师，身正方可为范，学生的语文品质是师范语文教育核心中的核心。并且，这一核心也是具体的、可分解可操作的，会从社会观、儿童观等方面进行教育和培养，所以我们可以发现，师范出身的人特别关心社会，热心社会事业，同时具有亲和力、动员力、鼓动力和行动力，会借助语文能力如演讲、说服、协调与写作等发挥个体作用。我觉得这些经验与做法值得思考和总结。

要对"任务"与"情境"有正确的理解，不能被这两个词束缚，要根据具体的学习内容设计具体的情境。有时，一个文字环境就是一个很好的情境，不一定非得跑到书本外面去；学习某个字就是一个很好的任务，任务未必要多么艰巨。

现代文教学的任务与情境，同其性质与运用环境有很大的关系。我们就生活在现代文环境中，天天与现代文打交道，周围的、身边的，大到世界各个角落发生的事，小到自己生活中的细微琐事都是任务，都是情境。我们前面说了，学语文的目的是什么，是用语文解决生活中的问题，在现实社会中，解决问题的语文就是现代语文，用外国语文解决问题的都是特殊的专业领域，古代语文用得则更少，只有现代语文是最普遍的。而且，不要把现代文局限于现代白话文章，还应包括口语，也就是我们前面提到的听、说、读、写，都属于现代文范畴。所以，我们要引导学生到生活中去，到生活中观察、体验和发现问题，进而去思考问题和解决问题。让学生去寻找语文学习的情境，用语文去感受生活，而一旦发现了问题，任务自然也就有了。我们有些老师不从生活出发，不重视现代文的本质，尤其是对现代语文的存在方式、本质和功能认识不清，为任务而任务，为情境而情境，放着生动鲜活的情境不去运用，放着真实有用的任务不去做，搞出许多复杂的花样，看上去费了大劲，结果非但不实在，还会人为造成教学的对立。这种教学中的形式主义害死人。有人曾经说过，形式主义妨碍了学生的社会交往，妨碍了教师和学生精神上的交流，致使教师与学生形成两个敌对的阵营。每当看到那些让学生苦不堪言的情境与任务，我就会想到这句话。

这些东西不难理解，但想做得好就没那么容易了。举个例子，选择性必修下册第二单元应该怎么教？我觉得要从任务群的角度理解这一单元的学习价值，理解单元的编写意图，明确好学习目标，引导学生理解课文。而实现这一切的关键要看教师的教学设计，我认为，一是要整合义务教育阶段和高中教育阶段有关现当代文学的教学资源。"中国现当代作家作品研习"任务群虽然是高中语文选择性必修课程的内容，但是学生接触中国现当代文学的作家作品并不始于此，也不会终于此。因此，教师在教学时既要考虑到这一任务群的性质、教学目标与内容，也要考虑到它与前后教学的关系。这样无疑利于学生建立起中国现当代文学的概貌，有助于学生形成对中国现当代文学的整体认知，把握中国现当代文学作品的思想性、艺术性和观赏性。这样的整合性教学必将为选修课"中国现当代作家作品专题研讨"打下坚实的基础。

二是要关注当代文学的发展，提高学生对当代文学创作的参与度。中国当代文学是中国现代文学的延续，两个阶段的文学一脉相承，而当代文学具有无限的延展性，一直延续到当下的文学现实，因此，一方面要将百年文学史作为一个整体看待；另一方面，关注当代文学的动态发展，就能更加感性地体验文学发生的过程，加深对现当代文学的全面了解。这不仅是学习内容的拓展，更是学习方式的改变。它融合了学习对象与学习主体的关系，使过去的文学变成当下的文学，使别人的文学成为自己的文学，使单纯的知识性学习变成了参与性、合作性和实践性学习。从教学实践来看，关注当代文学创作的动态，应当在学生通过自主梳理，大体了解中国当代文学发展概貌的基础上进行。可以利用学生在文学作品阅读任务群各单元中研讨现当代文学作品获得的经验，如联系时代发展、结合文学评论来研讨作品等，引导学生关注当代文学创作的动态，关注影响力深远的作品的讨论。

三是以任务为统领，创设学习情境，开拓学习途径，提高学习效率。"中国现当代作家作品研习"任务群教学量大，课时紧，要完成教学任务，使学生达到任务群规定的学习目标，就必须按照课标的教学提示，真正做到以任务为统领，创设学习情境，开展自主性、探究性学习。我建议可以开展专题学习。除了课本的专题设计外，还可以设计一些相关的学习专题，如结合以前的学习与阅读，可以做鲁迅作品阅读的专题，再如新诗格律专题、文化散文与大散文专题。若从关注当代文学创作动态着眼，可选择与设计的专题就更多、也更开放了，可以从学生的阅读生活出发设计专题，如当代青年与青春文学、当代校园文学、流行歌曲与校园民谣等；可以从当下文学的现实出发设计专题，如青年作家创作、当前现实主义文学的特点与走向，结合各地的创作可以设计区域文学的现状与发展等专题；还可以从新媒体的发展的角度设计专题，如我眼中的网络文学、网络文学与影视、自媒体写作的现状、人工智能与自动化写作等。

可以设计整本书阅读。课程标准规定，整本书阅读与研讨，在选择性必修阶段不设学分，穿插在其他学习任务群中。这样，本单元的学习任务必然会涉及穿插进来的整本书阅读。本单元第五课的《阿Q正传》《边城》和第八课《茶馆》均为作品节选，联系必修的有关专题和课程标准《附录2：关于课内外读物的建议》中列举的现代小说名著，我们应将整本书阅读的教学常态化。常态化要处理三个关系，一是学生的自主阅读与课程规定阅读的关系；二是一般阅读与研究性阅读的关系；三是单元篇目与拓展篇目的关系。当然，这三种关系是交叉的、互补的。比如，与单元学习任务结合，可以设计《白鹿原》的整本书阅读。阅读这本书，可以让我们了解中国革命具体而生动的历史进程，认识中国农村的历史面貌和深刻变化，进一步巩固唯物主义历史观，欣赏中国当代长篇小说的艺术发展，体会到现实主义的美学力量。

我们还可以鼓励学生参与当代文化建设。学习现当代作品，其目的是认识当代社会，走进当代生活，融入语文世界，参与当代文化建设，形成当代社会新人的理想、人格和素养。从阐释学的角度讲，也只有在当代文化的背景下，我们才能真正读懂当代作品。也就是说，学习当代作品的目的不仅是学习作品本身，它也是学生不断确认其当代人的社会与文化身份的重要途径。当代作品在学生的成长中担负着桥梁与道路的作用，或者说，它们本身就是当代社会与文化的有机构成，进入它们，即融入当代，融入当下。我们可以在这样的理念下提出学习任务，鼓励学生进入当代文学的现场，参与当代文学发展的过程，关注最新的发展。我可以推荐一个学习设计的路径——如何对待网络文学？相较纸文写作，网文创作的体量是庞大的。而网文写作遵守的范式与纸文写作差异很大，它有着自己的写作动力、写作焦点、写作伦理、传播规律、阅读方式与阅读体验，而且类型众多，难以一概而论。现在青少年的阅读基本上就是"双轨制"，一方面是学校阅读或课堂阅读，对应的是传统的纸文阅读；另一方面则是校外的阅读、生活的阅读，对应的是网文阅读。

至少从目前来说，网文的写作与阅读占据了全民读写的半壁江山，已经成为中国人读写生活的主体。现在，影响人们阅读生活，成为人们生活燃点的基本上都是网文。不仅是网络文学，还包括各种网络媒体天天、时时制造出的网文。这些我们要知道，而且要放手让学生去研究。

凌宗伟：我主张教学是需要用心设计的，从某种程度上说，有好的设计才有好的教学。只不过实际的课堂教学并不是完全顺着设计思路走下去的。好的教学设计要求教师把教材内容转化为学生学的内容，或者说转化为课堂上教的内容。教学设计的前提是教师必须吃透课程标准的要求、教材的要求以及学生的具体情况，这就是过去一直强调的"三个吃透"。今天的普遍问题是，教辅资料的泛滥以及现代教育技术配置的课程资源包的滥用致使很少有教师愿意花时间去研究课程标准、教材和学生的具体情况。教学的有效性取决于教师能否理解教材所隐藏的知识，而不是直接搬运教材的内容，至少还有个搬什么、怎么搬的问题，教材不过是一种主要的课程资源。如果教师都没有很好地消化教材的内容，又如何能够帮助学生掌握所学知识。洞悉这一点才可能理解史密斯和雷根对"教学设计"的定义，即"将学习与教学的原理转化为教学材料、教学活动、信息资源和教学评价计划的系统化和反思性过程"，才可能理解迪克和凯瑞在《系统化教学设计》中所说"教学设计过程本身可以视为一个系统。系统的目的是引发和促进教学。这一系统中的成分包括受教育者、教师、教学材料及学习环境",进而"用系统方法描述教学、分析、设计、开发、评价和修改的全过程"。系统转化过程的重点是如何设定教学目标,确定教什么(课程内容)和选择怎么教(教学组织、教学模式、教学媒体等)。

此外,转化策略的重点在于如何激发、指导、帮助学生理解所学,将所学转化为自己的知识、技能,并能自觉地运用所学去解决具体的问题。这一点有赖于教师的教学智慧,也就是通常所说的教学机智,并且还要有清醒的"教学生学"的意识,要根据具体的教学情景采取合适的策略与方法,更要根据不同学生的不同情况给他们搭建合适的支架。恐怕这才是"转化"的难点。

（三）

寻找文本解读的边界

凌宗伟： 晓晖刚才提到我的一个个人观点，即无论是课堂设计还是文本解读，都要有所节制，不能过度，不知道您怎么看我这个个人理解？

罗晓晖： 完全同意。课堂设计或文本解读都要有所节制，失去节制就会走火入魔。根子在文本解读的节制上。文本解读失控，课堂设计就一定会跟着失控。韩老师的课例《背影》，郭老师的课例《愚公移山》，失控的原因就在于文本解读的过度。

在文本解读领域，有很多奇谈怪论。语文的文本解读，是在文本边界内，通过信息识别、信息结构化以实现对文本的还原性理解的过程。这个过程是追求客观性的，客观性并不等同于"客观性幻觉"。个性解读啊，多元解读啊，深度解读啊，这些带着强烈主观性的东西误导了很多教师。关于文本解读，我在《方法与案例——语文经典篇目文本解读》和《文本解读与阅读教学讲谈》两本书中都给出了一些论述，可以参考。

汪　政：说到文本解读，我插一句。我到学校听了新教材教学的一些课，特别是任务群教学的具体实施，能看出来在如何落实课标，新教材使用后在学分、课时与评价上都遇到不少问题，再加上高考的压力和围绕高考形成的不可为外人所道的教学节奏，大家对于如何进行任务群教学都有些茫然。而一个突出的现象就是对任务群教学存在片面的理解，给我的感觉是从一个极端跳到另一个极端，不少学校或教师放弃了文本，对具体的文本蜻蜓点水，浮光掠影，看上去有了任务，也整合了，但学生对那些具体文本反而印象不深，这就有问题了。语文学习，在什么时候、什么情况下都不能离开文本，如果为了任务群的学习，把一大堆文本捆绑在一起，硬塞给学生，弄成一锅什么也不是的"四不像""夹生饭"，这不是任务群教学设计的本意。任务群的设计本质上是转换学习方式，给文本具体的情境、语境和应用环境，而不是离开文本。如果为了任务而任务，那是本末倒置。语文学习的本质一定要是语文的，一定要是语言的，一定不是语文之外的。学习语文怎么能离开文章？古人讲"文章立身"就是这个道理，有机会，我要专门谈谈这个问题，没了文章，语文的一半就没了，人生的一半也没了，这个问题值得重视。

附带要说一下的就是学生的文本解读能力，而学生的文本解读能力与我们教师的文本解读能力又是密切相关的。这一方面还真的不能乐观，我们一线语文教师文本解读的水平真是令人担忧，积累不多，不能触类旁通，更不知晓文本的原生语境，对文本本义基本不理解；审美鉴赏没有体验，没有个人独到的发现，依赖教师用书照本宣科；或者将文本材料化、技术化，文本就成了一堆任人支配的阅读与习题材料，丧失了整体性、生命力。这对学生的影响太大了，会影响学生对文本的态度，这种影响可能是贯穿终身的。

凌宗伟：您说过，现代文教学中过度设计、制造了许多"伪任务"和"伪情境"，实质上是与现实生活脱轨的"屠龙之技"，包括应试能力，脱离实际，花拳绣腿，华而不实。对此我深有同感。去年某名师执教的《一只特立独行的猪》教学案例，在该案例中教师由那只猪长出了獠牙，联系到杰克·伦敦的小说《荒野的呼唤》、毕淑敏的《我的五样》，还联系到穆旦（查良铮）翻译普希金的《致大海》以及他与沈从文、杨绛一样扫过厕所的过往，并且费了不少时间谈他的《苍蝇》《葬歌》《冥想》，还由查良铮联系到金庸（原名查良镛）。不知道您对这样的"联系"怎么看？

汪 政：我以前提出过不要过多地美化教学，提出过语文教育的"素食主义"，特别是不要过度教学，要有不同阶段的语文教育的边界意识等，说的都是同样的问题。语文学习是终身的，不要指望学生在老师这儿把一辈子的语文都学完了，这不现实，也是不可能与不必要的。你上面举的例子就是一种典型的过度教学，教师不清楚自己的教学边界在哪里。人文学科不像自然科学学科，后者阶段性很强，分类也比较明确，人文学科整体性较强，阶段性也不是很明晰，分类有时也比较模糊。同样的学习内容不同阶段都可以学，如此一来，学什么和怎么学就成了大问题。李白的《静夜思》小学在学，到了大学还在学，但小学时的教与学和大学时的教与学能一样吗？现在不怎么强调教与学的主导与主体地位了，其实，教师的主导地位还是要有的。正是在这些方面，才显示出了"四不像"的职业身份与教育的专业地位。

凌宗伟：是的。我也一直认为从教的视角来看，教师一定是主导者，也是教的主体；从学的视角来看，学生是学的主体。我们的许多表达很多时候就没有很好地界定，也就是您所说的缺失必要的、基本的边界意识。

汪　政：教育的边界体现在许多方面，最主要的有两点，一是不以教代替学。我们现在的教学理念已经转型升级好几代了，但教学的许多顽疾还是存在的。教师包办，把一切都告诉学生，以前批评课堂教学毛病的许多话现在其实还是适用的，如"满堂灌"，老毛病没改，新毛病又产生了。二是教学内容，严格地说就是学习内容。你以上举的例子是其中之一。

凌宗伟：谢谢汪老师！不少语文教师对文本的理解确实是不到位的，甚至不乏曲解。因为自己的曲解而误导学生是常有的事，这也正是我前面希望晓晖具体谈谈"不害人"的动机所在。

梅　香：关于"文本解读"，我回忆起自己在《江苏教育》编辑部担任语文学科编辑时，曾结合一期"文学文本个性化解读"的专题组稿，与张克中老师交流讨论过一个话题：语文教师的"目力"。我认为，个性化阅读的能力和个性化解读所能达到的水平，是由教师的素质和眼光决定的，这很重要。张克中老师认为，理想的阅读有两个向度，一是阅读者借助作品进入作家的个人世界并觅得其精神立场，二是阅读者让作品进入阅读者自己的精神领域且与作品发生互塑。遗憾的是文本阅读教学的肤浅化和随意性随处可见，语文教师的"目力"需要专业进修，为此他也提出了几点建议。

这个话题，我想听听邬建芳老师与唐缨老师的思考。

邬建芳：那就我先说。"目力"之说，我很赞同。它是在足量阅读累积之上形成的一种专业能力，就像武侠小说中，真正的高手凭的是"内力深厚"，而非花拳绣腿。

张克中老师所言理想阅读的"两个向度"的确很理想。教师要引领"阅读者借助作品进入作家的个人世界并觅得其精神立场"，其前提在于，"引领者"自己是否能真正进入作家的个人世界、觅得作家的精神立场？现实中更常见的是，教师自己尚不能登堂入室，却用"二手、三手"的解读把学生带偏，用试卷上的文本阅读命题者的答案把学生"押送"进所谓的"精神立场"。"让作品进入阅读者自己的精神领域且与作品发生互塑"，读者与读物之间相契互塑，所言何其美好！"凡有所读，皆成性格"，"你即你所食"！但是，如果不借助"写作"之桥，二者很难产生深度联结，因此我认为，第二条指向写作的意义大于阅读本身。我校长期坚持让学生自由阅读后写摘评，就是在致力于此事。但是，学生间个体差异非常大，回到"语文教师的目力"这个话题上，我也有几点不成熟的思考。

我认为，高中语文教师的"目力"至少应该包含文化判断力、提要概括力、文学审美力和文章评判力。"文化判断力"，主要解决阅读价值问题，尤其是在人人都能发声的自媒体时代，教师更要具备专业眼光，为自己、为学生甄选出真正值得读的滋养灵魂的人文精品。"提要概括力"，解决的是"快速把握精要"的问题，引导学生根据不同的阅读目的、针对不同的阅读材料，灵活运用精读、略读、浏览、速读等阅读方法，提高阅读效率。"文学审美力"，尤其是对语言品质的苛求，朱光潜先生曾经提出过相关建议，判断一本书值不值得买，可以翻开来选读几页，据其语言质感来做决定。诚哉！语言既是思想的载体，也是思想的门面，语文教师应像美学家一样对美的语言有较高的敏感度和鉴赏力！"文章评判力"，主要是对学生习作的评判，高中生的习作已经具备一定的思想高度和人文底蕴，如果教师不能给出中肯的评价，既看不到亮点，也指不出瑕疵，学生是不可能服气的。

当然，要修炼这项专业能力，只有发自教师的热爱和自觉，通过海量阅读和理性调控才能渐进。如果能够成长为"目力上乘"的阅读者，那么他一定能够胜任高中语文教师之职，并且很容易脱颖而出。正如美国学者隆恩·弗莱在其论著《有效阅读》里所说："当你是一个优秀的会读书的人，这个世界都将归你所掌握……"作为"目力上乘"读者的语文教师，其开阔的阅读视野、独特的阅读体验，对学生来说都是最宝贵的语文学习资源，也是最直观、最具感染力的活教材；更重要的是，一个优秀的读者，是懂得如何阅读的人，他可以现身说法。复旦附中语文特级教师黄玉峰就是一个优秀的读者，他说："引学生入门读书，要用自己的阅读体验来示范，让学生感到：哦，书，原来可以这样读！""真正的阅读，是与作者心灵的对话。这个对话交流过程，实际上就是文化传递、精神传递的过程。"然而，事实上语文教师的读书现状不容乐观！高中语文教师若能从"讲读者""主读者""考读者"转变为"读者""助读者""领读者""阅读活动策划者"……那么语文教学的很多问题或许都不成问题。

唐　缨：克中是真正的阅读行家，我不仅私心佩服之，还认为他是所有中学教师都应该学习的榜样。以我对他的了解，知道他那样的阅读理念是其真实阅读经验的提炼，绝不是为了发表而杜撰的东西。

我自己有这样一个状况，可能和许多老师还不太一样，也提出来请教于各位方家。我自己虽为语文教师，但是生活中很少阅读纯文学作品，如小说、散文、诗歌等。然而有意思的是，只要有阅读任务需要自己去解决时，无论是课文教学还是应试解析，我都能对那些作品做出迅捷而有效的把握，而且这种把握往往既是宏观的，也是同步关注到幽微之处的。反复检视自己的阅读偏好与阅读倾向，我觉得可能和由"博杂"而形成的"合力"有关。

有的人一辈子好读书，充其量是个"两脚书橱"，就是因为虽博杂而不能聚焦，不能解决任何问题，包括深度鉴赏的问题。也有人误认为语文教师只要能读好文学作品（有聚焦）就能教好语文、做好试卷（家长角度则是简单相信小孩只要多读文学作品就能写好作文）。语文学科涉及的知识，无论是教材还是试卷，无论是应试还是生活，都是无限丰富的。以前有所谓"文史哲不分家"之说，说的是一个从事文科教学与科研的人必须拥有文科的综合知识与能力，现在，恐怕一个语文教师单有文科综合性知识已经无法适应新时代了，必须走向"文化综合性"，而这种综合性，最终会像更高的水塔那样为更多的水龙头供水，为高层的用户提供更充足的水压。

既然是文化综合性，那就得置身于"文化"之中，广义地说，文化涵盖了自然和社会两大范畴，从中产生的知识都应该纳入语文教师的视野——这不代表你必须样样精通，但意味着你必须多多益善。无锡有句老话，形容一个人不专心，叫"羊头上摸摸，狗头上抓抓"，但假如我们换个思维，羊头、狗头、猪头、鸡头、鸭头以至鼠头、蛇头你都摸了个遍，又有什么不好的呢？我相信，一只摸过几十、上百个脑袋的手，一定会成为像庖丁、匠石那样的神手。我固然不会做数学题，但是我能看李继闵的《〈九章算术〉导读与译注》；我固然不会做物理题，但是我能看曹天元的《上帝掷骰子吗？——量子物理史话》；我固然不会做化学题，但是我能看郭保章的《中国化学史》……而且很奇怪，每次我都看得津津有味，每次我都能认识到一门学科的发展及相关人才的产出有多么不易与可贵，我依旧不会做题，但是这种博杂的阅读，开阔了我的眼界，充实了我的知识，提高了我的认知，这又有什么不好的呢？更进一步说，面对外延几乎同生活相当的语文，教师的知识结构越丰富越多元，其教育生产力必然也就越大。

我自己曾经对学生提出过一个"二六三"的阅读观。

所谓"二"，即明确广义和狭义两大类型阅读。狭义阅读，指以语言文字为中介，以文学、艺术、哲学、历史四大类人文学科为主，以自然科学类为辅，获得信息与能力以深刻认识世界、认识自我的阅读。广义阅读，则指一切信息的了解、辨识、分析、质疑、理解过程都是阅读。语文的阅读，最终必然由狭义走向广义。

所谓"六"，即在高中三年内，读完六个类型（六个方向）的至少六部代表作：①一部文学经典；②一部文学史经典；③一部哲学类经典；④一部美学类经典；⑤一部社会文化类综述著作；⑥一部自然科学类综述著作。

所谓"三"，即追求这样的阅读意义和价值：厚植学问的深广度，养成批判性的思维方式，铸造精神的后花园。

因此，我自问少读（不是不读）文学书，却依然能得文学作品之三昧的原因，大概还是形成了阅读合力，合力造就克中老师讲的"目力"，这是我自己的经验，也是我个人的认识。爱德华·萨丕尔在《语言论——言语研究导论》中提出一个观点："文学这门艺术里是不是交织着两种不同类或不同平面的艺术——一种是一般的、非语言的艺术，可以转移到另一种语言媒介而不受损失；另一种是特殊的语言艺术，不能转移。"这种"特殊的""不能转移"的语言艺术，就是语文教学的主要内容与任务，但那种"一般的""可转移的"语言艺术，恰恰是"学习任务群"时代其重要性日益凸显的内容与任务，不解决好这个问题，学生语文核心素养的养成过程就不可能健全。针对语文教学大背景与具体任务的变革，我曾在2019年无锡市高中语文骨干教师新课程培训活动上作了《学习任务群背景下的文化意识与文化利用》的讲座，有些观点在这里可以再提一下，供大家参考。

首先要认识到我们的传统语文教学，几乎是不存在所谓"纯文学"教学的，绝大多数古人甚至不具备"纯文学创作观""美文追求观"。例如，刘勰的《文心雕龙》，顾名思义是研究"文心"的，但我们只要浏览一下全书的目录就会发现，真正涉及今天所说的"文学"性质的篇章，只占全书的40%左右。再以"唐宋八大家"中的曾巩为例，把他的作品列入语文教材中，老师究竟教什么，学生究竟学什么，同我们对文化背景的理解也大有关系。相较"八大家"中的余下诸人，曾巩只能称作中规中矩，一些文章甚至可以说是"质木无文"。曾巩名列"八大家"的主要原因不在于"文学"而在于"理学"，他在"八大家"中承担的一直是"古文"概念背后的"醇儒"形象，而非一个单纯的语言文字高手。如果我们的教学仅仅停留在语言文字这个小环境里，而对"古文运动"及其相关的文化史、思想史背景一无所知，那么反复地咀嚼、品味与深挖，很有可能费力大而收获小。所以，复旦大学王水照教授才会在研究之后得出这样的结论："我们可以检讨'五四'的观念和策略给中国古代文章学学科建设带来的一些负面作用，曰三个'遮蔽'。第一个'遮蔽'，文言文被白话文所代替……第二个'遮蔽'，'杂文学'观念被'纯文学'观念所代替，无法真正把握中国文学史的民族特点……"（《三个遮蔽：中国古代文章学遭遇"五四"》）

这就提醒广大教师，作为一个阅读者，首先要视野广阔，要对事物的来龙去脉有清晰的了解，只有这样，才能明白一个教学内容在过去拥有什么样的特点和形态，在今天有哪些必须保留而又有哪些必须淘汰或删改，不能简单地用一个似是而非的"文学名著"的观念来束缚自己。我们应该知道，在传统的视角看来，诸如《劝学》《陈情表》《师说》《六国论》《原君》等名篇，其实都不是文学著作；而即便是《诗经》《楚辞》、"李杜苏辛"这样被视为古典文学标杆的存在，也因为历史因素而吸收了大量非文学性的内容，文学与非文学甚至是融为一体的，一损俱损，一荣俱荣。

这里顺便也提一下外国文学的教学，例如大名鼎鼎的《项链》（莫泊桑）、《最后一片常春藤叶》（欧·亨利）。对于前者，如果你不了解莫泊桑所处时代法国小市民阶级的深层荣辱文化，是无法理解作者对马蒂尔德的复杂情感的；而对于后者，如果你不了解琼珊所处时代的城市文化、职业文化、医疗文化、地理文化等，恐怕读出来的还是一个比较浮薄的结果。

因此，如果让我来归纳语文教师的"目力"，如果让我来评价一个语文教师的阅读境界，我会用"三条线"来加以衡量，即你的阅读及教学中是不是同时包含了这样的三条主线：汉语文化线，文章文体线，思想文化线。

总之，语言学家邢公畹先生说的这段话，对于语文教师而言意义尤其重大："'语言'必须理解为'具有一种源远流长的文化背景的、能传达信息的语音组合体系'，也就是说，一种语言必须具有一个与特定社会同步发展着的意义体系，只有这样理解语言才能触及语言的本质特征。"（朱宏一《著名语言学家邢公畹治学答问录》）

凌宗伟：关于文本解读，岳春光老师有一些在常人看来稍显异类的看法，分享一下如何？

岳春光：可以。近二十年来，语文界很多人都在谈文本解读，也有不少人出版了专著，相关的论文更是多如牛毛，但这些研究者都没有回答一个问题——文本解读是不是中小学语文学科的教学内容？我没有查到"文本解读"这个术语进入中小学语文教育教学领域的具体时间，但可以大致确认的是，在2000年之前语文教学里没有这个术语，而随着一些大学教师到中小学语文领域进行指导，这个术语就逐渐在语文教师之间流行起来了。据我目前的理解，文本解读本来是属于大学文艺学理论的概念，而不是中小学语文教学的内容。也就是说，这一术语极可能是一些"侵入"中小学语文教学领域的大学教师硬塞进来的，因为通过引进陌生概念可以获得更高的关注度和更大的话语权。

作为一名语文教师，要想加深自己文艺学理论的修养，学一学、读一读文本解读相关的内容当然没问题，但教师可以学的，不意味着就是学生要学的，并不是所有的大学知识都该下放到中小学课堂上来。学生在语文课上通过学习相应课文来习得阅读技能，也就是说，语文教学中的阅读应该强调的是理解，而不是解读；应该强调的是尊重文本自身以及文本所呈现内容的客观属性，而不是以读者自己为中心的主观分析。

这些年来，我们可以看到不少"高屋建瓴"的文本解读论著，不少令人匪夷所思的文本解读课例，至于相关论文、课题更是数不胜数。但说句令人扫兴的话吧，这些恐怕都和盲目跟风的文本解读有一定的关系，毕竟围绕着新术语做文章是一件更容易出"成果"的事情。本来在文艺理论里，文本解读的前提是先具备成熟的"理论视角"，然后再拿这个视角去解释文本，也就是在不同理论视野下对文本进行重新分析。而目前中小学语文教学里的文本解读，根本没有相应成熟的"理论视角"，反而充满了穿凿、索隐、周纳、借题发挥等吸引眼球的行为，属实是"语不惊人死不休"了！

要想摆脱该术语的干扰，我个人主张是放弃"文本解读"这一术语，尤其是要质疑它在语文研究中不证自明的状态，让语文教学回到通过课文引导学生展开阅读的活动中来。在展开阅读活动的同时，教师一定要注意不可用自己对课文的理解代替学生理解课文的训练——学生在课堂上是来学语文的，而不是来学教师对课文的解读的。

凌宗伟：谢谢岳老师！我想，听听这些声音或许会给各位同行带来一些思考。

（四）

文言文教学的价值探究

凌宗伟：我看过郑朝晖老师一篇《关于〈请将不讲逻辑的文言文移出语文教科书〉答友人问》的文字，颇为认同您的观点——语文"不但要讲形式逻辑，还要讲辩证逻辑；不但要讲西方的逻辑学，还要讨论中国的名学"。"语文的根本目的是让人明理。明理是一个复杂的问题，不是仅仅靠形式逻辑可以解决的。有些表面无理，仔细一分析就有理了；有些表面有理，但是真的进行逻辑分析，却发现原来并不讲理。"您能不能就某个具体的语文教学问题，譬如文言文教学中如何帮助学生明理，谈谈您的建议呢？这些年我观察过不少老师的文言文教学，大致情形不外乎"串讲"与"分析"，不知道您对《新课标》、新教材背景下的文言文教学有怎样的思考与建议？

郑朝晖：关于文言文的教学，一直是我们语文教学界的一个困扰。但实际上我认为如果我们能够确立"文言文"的课程价值，很多问题也就迎刃而解了。文本的教学价值，或者是偏重于语言的，或者是偏重于文章的（或者说表达的），而文言作为一种几乎已经失去交流价值的语言，不太可能作为基础教育的主要学习任务，因此所选择的文言作品，其主要价值应该体现在文章意义上。当然，如果我们对语言没有基本的了解，也不可能真正体会文章的意义与价值，但语言是手段、工具而不是目的，许多将语言从文章里抽离出来训练记忆的做法既不符合语言学习的特点，从语文教学的角度看也是本末倒置的。

我们学习古人留下的优秀篇章，目的不是让它成为语言训练的材料，而是要体会文章独特的思想情感、谋篇布局、角度方式、手法技巧以及对后世的影响，这是文言文学习的关键。也有同行会就此反驳，如果不深入了解语言，又怎能理解文章呢？我的看法是，语言能力一定是伴随文章阅读的经验而提升的，古人在文章教学中也是体现出"进阶"思维的，从"发蒙"开始，循序渐进地读书，关键就是协调好语言经验与文章阅读经验之间的关系。从高中语文统编必修上册来看，《劝学》《师说》等文章的文字并不艰涩，说理也简洁明了，就比较合适。相比较而言，苏东坡独特的精神境界不易为学生所理解，因此便增加了《赤壁赋》的教学难度。

凌宗伟：谢谢郑老师！从阅读偏好来看，我觉得欧阳老师似乎更偏重中国古典文学，譬如您对《论语》的喜爱，能不能从语文教学的视角谈谈《论语》给您这位语文教师的教学带来了哪些影响，或者换个角度说说您为什么那么喜欢读《论语》？

欧阳国胜：其实我的阅读层次很浅薄，我对《论语》的研究甚少，甚至还没有认真读完《论语》——我强调的是"认真"。认真阅读的话，我一般每天只能读完两小节。《论语》是语录体，几乎每一小节都是一个超短篇小说，人物的对话、心理、神态等生动形象。正如杨绛先生所言："'四书'我最喜欢《论语》，因为最有趣。读《论语》，读的是一句一句话，看见的却是一个一个人，书里的一个个弟子，都是活生生的，一个一个样儿，各不相同。"我和华东师范大学出版社的编辑朱永通先生、厦门市海沧区教育局孙民云局长、厦门市湖里区教师进修学校陈荣艺书记四位成立了一个民间的"素书社"，我们读得很慢，几个月才读完一个大章节，然后确立一个主发言人，一起到各个学校与老师们交流。但我们是围绕"《论语》中的教育"这一主题来展开讨论的。

您要求从语文教学的角度来谈《论语》给我带来了哪些影响，我想这种影响是深远的。事实上，《论语》的每一小节几乎都可以当成一个小说文本，完全渗透语文学科的四个核心素养，即"语言的建构与运用""思维的发展与提升""审美的鉴赏与创造"和"文化的理解与传承"。以《学而》第一章第一小节为例，原文只有"子曰：'学而时习之，不亦说乎？有朋自远方来，不亦乐乎？人不知而不愠，不亦君子乎？'"三句话，却是文字精微，内涵丰富。

三句话，内容相互关联，层层推进。三层的核心思想是"乐"，具体来说是"学习之乐"，由原文反复强调的同义核心词"说"（通"悦"）、"乐"与"不愠"可知。"学"在古代不仅指知识方面的学习，还包括社会实践等，故"习"有"温习""实习""演习"等义。"愠"，怨恨。三句话围绕"学习之乐"进行，第一句强调"有悦"——学习上收获的"个体之乐"，即一个人的学习是一种有收获感的成长之乐，体现的是"自主学习"，"学"是中心议题，有意思的是"时"与"习"二字构成了"悦"的基础，"时"重在学习的时间，强调学习应按时温习，注意学习的节奏性，而"习"重在"见习"或"实践"，所以，孔子的"学"包括读书与实践。第二句强调"有乐"——学习上收获的"同学之乐",即与远道而来的朋友共同学习时获得的一种快乐或友情,体现的是"合作学习",这种学习已经超越了前文单一的个体学习之乐,李泽厚说:"这'乐'完全是世间性的,却又是很精神性的,是'我与你'的快乐,而且此'乐'还在'悦'之上。'悦'仅关乎一己本人的实践,'乐'则是人世间也就是所谓'主体间性'的关系情感。"第三句强调"不愠"——学习上收获的"君子之乐",即同学或群学中难免产生分歧,"人不知"的宾语当是孔子的讲述,别人不理解或不赞同我的观点,我也不生气抱怨,这样在德行上便可称为君子,体现的是"和而不同"。李泽厚说,"有朋自远方来"表明"群居而非个体独存",而"人不知而不愠"则表明"虽群却不失个体之尊严、实在与价值"。三句话相结合,阐述了学习与教育的两种方式与一种境界:"自主学习、合作学习"是两种不同的学习方式,"和而不同"是在态度上实现对学习结果的包容,达到相互尊重的境界。

最有意思且最有意义的是第三层"君子之乐"。孔子在《论语》中阐述了两个重要概念:"君子"与"小人"。在孔子之前,这两个概念完全出于血统论,有家庭地位的人即君子,如贵族等;而无地位、身份低下的人即为小人。但现在孔子却说："人不知而不愠，不亦君子乎？"也就是说，态度谦恭品行端正的人，就是君子。孔子打破了"君子""小人"的定义，并丰富了其内涵，从原先单一的"身份"定位上升到"道德"定义，即道德高尚的人便可称为"君子"，道德低下的人就是"小人"。这一重新定义的重要意义在于，它告诉我们，不管你是一个什么样的人，只要经过学习，获得较高的品德，就可成为君子。事实上，在孔子眼里，身份地位不高但知书达礼的乡巴佬仲由、颜回等人都可称为"君子"。由此也奠定了孔子的卓越贡献：改变了"血统论"概念，赋予"君子"有关"士文化"的新内涵，扩大了"君子"的阶层范围，由"贵族君子"转变为"士人君子"，由"高贵之人"转变为"高尚之人"，甚至改变了我国的"君子文化"，由"贵族文化"演变成"精英文化"。

　　本小节这三句话，既可视为人与人之间学习与交往生命的本真状态，也可理解为孔子一生学习与教育的总括。三句话，对应三个不同的人生阶段与三种不同的心境，正如钱穆所言："学而时习，乃初学事，孔子十五志学以后当之。有朋远来，则中年成学后事，孔子三十而立后当之。苟非学邃行尊，达于最高境界，不宜轻言人不我知，孔子五十知命后当之。学者惟当牢守学而时习之一境，斯可有远方朋来之乐。最后一境，本非学者所望。学求深造日进，至于人不能知，乃属无可奈何。圣人深造之已极，自知弥深，自信弥笃，乃曰：'知我者其天乎'，然非浅学所当骤企也。"（钱穆《论语新解》，生活·读书·新知三联书店2002年版。）孔子一生的教育思想在于"学"，学为人、为学之道。《学而》一章阐述的皆为学习的重要方面，而此小节冠于首，首字即强调"学"，可见本小节在全书中的统率作用。而从教学的层面上看，四个核心素养即已融入其中。

当然，还有很多章节写孔子的有趣与可爱，孔子是个非常活泼、极具个性的人。比如《公冶长》第一小节说："子谓公冶长，'可妻也。虽在缧绁之中，非其罪也'。以其子妻之。"你看，孔子也太可爱了吧，他说公冶长这个人虽曾入狱，但不是他的罪过，于是真的把女儿嫁给了他。公冶长是一个通鸟语的能者，以才高好奇取祸，孔子择婿不畏世俗，眼光与胸怀皆令人佩服。这样有趣的例子大量存在于《论语》之中，由于篇幅所限，就不再示例。《论语》魅力无穷，是以我喜欢读之。

记得我曾做过一件事，令学生大为感动。2021届学生高考结束之后，学校召开高三学生毕业典礼，我作为班主任想在最后一次全班返校集会活动上给每位同学送一件小礼物，于是就临时去买了60张精美的卡片，各附一句赠言。每句赠言必须出自《论语》，且必须含有每位学生的姓名中的某一个字。那天晚上我写到凌晨3点，《论语》里实在没有包含学生姓名的句子时，我就到《诗经》中去寻找。第二天分发卡片时，我发现学生都很珍视这一张小卡片。

凌宗伟：您确实是很用心，我就只有望尘莫及的份儿了，《论语》这类文字对我而言，也就是随手翻翻。我记得您好像说过这样一句话："窃以为，'名师''专家'等应该是敬辞而非谦辞。凡时时处处自诩名师，或是彰显自己名师身份的，皆远之。"在互联网时代，人们的遣词造句似乎不那么讲究，譬如早些年我第一回看到专家们的PPT上赫然呈现"谢谢聆听"四个大字时着实吓了一跳！您能不能从语文教学的现存问题出发，谈谈这种随意的遣词造句之举会给学生的语文学习带来哪些影响？

欧阳国胜：这是我在微信朋友圈有感而发的即兴感言，竟被您"扒"出来了，成都罗晓晖老师称您为"凌扒皮"果然名不虚传。（笑）我确实比较反感"名师""专家"之类的称呼，甚至反感一些学校把重点班叫成"尖子班""火箭班"等。我甚至拒绝参加"专家型教师"培训，选择了参加称谓较为中性的"省学科带头人"培训。我觉得别人叫叫"名师""专家"还可以理解，如此自称着实难以理解。

至于您所说"谢谢聆听"这类现象，并非只在早些年才有，在现今一些所谓"专家""名师"的讲座中依旧比比皆是。谦辞与敬辞是语文教学的基础内容，也是中国传统文化的基本内容，"谢谢聆听"之类的现象反映了语文教学界的浮躁。当然，我们更愿意相信，这只是个别现象，多数教师还是会注意谦辞、敬辞的使用的。如果不注意，学生就会是接班人，身受其害而不自知，这是师者对学生无形的毒害。古有指鹿为马，今有"指玉米秆为甘蔗"者，实质是一样的，所以师者用语不可不慎。

凌宗伟： 是的，恐怕这也是你们更喜欢中国古典文学的原因吧，古人用语善推敲，喜用雅言，古诗词尤为突出。但时代变迁，我一直狭隘地认为，古诗词教学，让学生读读议议就足矣，却没想到您还让学生填词了。我想问的是，学生填词之后对词的学习有哪些改变，您觉得这样的尝试对高中生的语文学习有哪些帮助？

欧阳国胜： 您说的"没想到"可能恰好反映了诗词文化与教学的倒退。记得叶嘉莹先生曾经提到过，在古代，填词最初只是青楼小巷里一些闲人的日常之举，而今日读书人却难为之。

我自己喜欢填词可能是受了台湾著名词人方文山的影响，《教师月刊》2010年第9期曾刊登我对他的专访文章《不要把自己的重心放在一件事上——专访台湾著名词人方文山》。喜欢唐宋诗词，喜欢方文山的填词，可能在日常教学生活中就会有意或无意地引导学生填词。

我曾多次引导高中学生填词，甚至在初中举办过多次填词大赛。记得早些年前我担任厦门外国语学校初中部语文组组长时，曾举办过一些全校性的填词大赛，比如"《菩萨蛮》小词创作"大赛，并将优秀作品刊发在学校文化刊物《驰墨轩》上。您看看以下初一、初二学生的作品，是不是有一点词的样子了。

菩萨蛮·念苏家女

2009级初一（4）班 崔雨昕

镜阁看尽芳菲落，鸿雁衔去春色寞。油壁梦断时，松柏结心迟。

寒思牵风起，危楼倚栏意。桥边且凝眸，驿外人独愁。

菩萨蛮

2008级初二（8）班 杜喻婷

院中晓雾遮莲秀，窗前清风扶细柳。日挂鸟轻鸣，星月渐淡息。

滴露轻沾袖，野芳清幽散。欲来扶琴音，终晓独一人。

菩萨蛮·惜幼薇

2008级初二（9）班 王景慧

红楼锦瑟音犹在，观中桃花残红败。不知明镜台，何日云鬓改。

饮得千万卷，柳滨啼杜鹃。怎奈薄命颜，逝水拂尘烟。

　　我不仅举办填词大赛，还组织高中学生运用"文本互涉"理论，结合学习任务群，进行学生个人的文化自选集编写活动，最后学生编出的文化自选集内容充实，图文精美。节录一些他们的文化自选集标题就可推测其内容了，如《"漾舟"——唐诗中的"舟"意象》《飞入寻常百姓家——中国诗人所见明知的乡村百态》《火树银花，佳节舞蹁跹》《诗似画卷，执笔绘天涯——王维诗自选集》《回声——唐诗中的自然之声》《摹声：追寻古诗词中生命的共感》《盛唐月色：浅析李白诗中的"月"文化自选集》《梅心惊破——中国古典咏梅诗选集》《杀死那朵春花——迁怒诗王希彦自选集》，等等。当然，在"菩萨蛮小词创作"大赛与文化自选集编写之前，教师是要进行专题指导的，需要有明晰的内容指导与方法指引。

　　据我的观察与深入了解，学生填词以后对词的学习兴趣明显增加，尤其是其作品获奖，或者刊登在文学刊物上的时候，对学生的影响更大。这种喜好对学生日常生活的影响显著，你会看到，热爱填词的同学，即便只是发一条微信朋友圈也更具诗意。也就是说，爱填词的学生，他们的生活往往更优雅。高中学生编过文化自选集后，他们的阅读量会迅猛增加。因为他们要围绕同一话题精选文本，还要收集文学史对相关作品的评价，更要查阅一定量的文学理论以升华其编写反思。陈晗希同学编写完《"漾舟"——唐诗中的"舟"意象》这份自选集后写道："这应该说是我在阅读和查找文献过程中的积累和留念，以此建立我自己对于'舟'这个意象的认知体系，这是一次全新的尝试，是我对唐诗的一次深入了解，是第一次通过诗歌的文字，面对面地与诗人对话。" 王挥闵同学在编写完《梅心惊破——中国古典咏梅诗选集》后写道："我在编选文化自选集时，也对'文本互涉'和'任务群专题性学习'的学习方法进行了实践，由此提升了对比阅读和联想阅读能力。"

我不太喜欢甚至是讨厌写作业式的语文教学与学习方式，生活还是需要有诗意点缀的。我甚至固执地认为，一所学校如果连文学刊物都做不起来，从来没有写作业以外的诗意活动，对学生来说是残忍的。这里面存在一个问题，就是作为成年人的教师多数已无诗意心态，教育就容易出现以无趣引导无趣的现象。

凌宗伟：谢谢欧阳老师如此详尽的回答。但我还有一个不成熟的看法，古体诗总体而言是小众的东西，读读，回味回味足矣，至于创作，在现代生活情境下恐怕更小众，不知道诸位以为然否？

欧阳国胜：我认可古体诗总体而言是小众的观点，平时读读，回味回味也就可以了，它作为一种优秀的传统文化，是需要为国人所了解并从中汲取精神营养，陶冶性情，丰实精神生活的。但它有严格的格律，鉴于时代之因，个人认为，不必太拘泥于形式。创作应该是现代生活情境下精神更丰实的一类小众化群体的精神追求，喜欢的人可以自娱自乐，可严格，也可放宽要求，不必强行统一，更不必相互指责，应各美其美。

凌宗伟：好的，谢谢。

梅　香：唐缨老师多年沉潜国学研究，颇有心得。能不能请您简单说说文言文学习的价值？

唐　缨：好的，简单来说，文言文学习的价值有四个方面：

其一，感知言文分离的中文世界，引导学生从粗粝的生活语言走向精致的书面语言。

其二，训练逻辑思维。很多人觉得中文不讲究逻辑性，错！我们只要试着去翻译一段英文文献就会发现，对译的过程恰是绞尽脑汁、搜索枯肠的过程，怎样做到精确表达、精简用字，是首要考虑的问题。从精确性出发，就能走向逻辑性。

其三，从文言文中感悟什么是文字的实用性、工具性。古人是没有"纯文学"观的，学生从小到大学习的文言文，除了极少数篇章外，几乎全是实用性的应用文，与当下语文学习要求的"面对真实世界，解决真实问题"若合符契。

其四，从文章走到文化。兹不赘述。

凌宗伟：欧阳老师对文言文，或者说对古代文学情有独钟，教学中也颇有建树，值得我好好学习。

欧阳国胜：你拉倒吧。

（五）

如何破解作文教学的症结

凌宗伟： 岳春光老师说过，每位语文老师都会遇上教作文的大难题。我们都交过作文，可一旦"交"变成了"教"，意思就大不相同了。交作文吧，我们虽然挠头，但勉强还能对付过去。但教作文怎么教？教什么？教多少？教多深？一大堆问题在等着我们。更让人沮丧的是，这个"教作文"很少有人能说清楚。对此，我深有同感，说得夸张一些，几乎没有几位教师"能"教作文，"会"教作文。我想您既然说到这个问题，想必是有自己的教学感悟的，或者说对此您是有一些想法的，能不能稍微展开谈一下？

岳春光： 您说的这个大难题，真的也是困扰了我很久。因为我所在的学校是一所普通学校，学生的起点低，水平差。我自己又不属于创作型的教师，在写东西上一直比较困难。为了完成作文教学工作，我先后看了不少关于作文的书，也对作文教学思考了几年，陆续写了《作文的真相》《作文难教之我见》《作文教学研究中的几个问题》等文章，在网上和同行进行广泛的交流。在实践中，我不断尝试新的作文教学思路和做法，整理出《基于"阅读"、"生活"和"思维能力"的作文训练》《"知、思、悟、行"——我的作文训练思路》等内容，前面这些文章已经通过互联网广泛传播，在这里就不细说了。后来，我整合了前期的认识和实践，写了一篇《对作文教学及策略的认知与重构》作为一个阶段的总结。这几年虽然我的思考重点没有放在作文教学上，但也有一些零星的感受，正好借您的这个问题来谈一谈。

您的"从交作文到教作文"这一说法十分巧妙，而且非常准确形象。我相信每个语文教师都遇到过相同的问题。我曾经在一篇文章中描述过此类现象：长期以来，由于我们对作文教学缺乏系统而深入的认识，所以大多数教师并不知道在作文方面，什么东西是我们能够传授给学生的，什么东西是我们教不全的，什么东西是我们不能教的。认识上的模糊和混乱，导致作文教学过程中出现很多偏差，以至于产生了"能够教的没有教""教不全的拼命教""不能教的总在教"的现象。

在我看来，要解决作文难教的问题，必须对作文教学工作有一定的认识，必须知道过去的困难在哪里，困难是如何产生的，以及正确的指导方法是什么。

首先，我们来说对作文教学工作的认识。作文在语文教学中一直享有很高的地位。我们所教的课文通常具备流畅、优美、动情、深刻、诙谐等特点，所以下意识中我们就会用这些标准去要求学生的作文。但这种做法是错误的。能够选入课本的文章，其作者都是熟练运用语言文字的佼佼者，而语文教师面对的却是一批又一批的初学者。若对此二者的差别毫无认识，教师就容易出现"拿成熟作品的标准去衡量学生习作"的"专家盲点"类问题。可以说，对作文的错误认知，是作文难教的第一个原因。

其次，有些教师盼望着学生能交上来令人眼前一亮的作文——这种情况不是没有，但恐怕这些作文并不是语文课堂教学的产物。这其实不是以教师的身份去看待学生的作文，而是以一般读者的身份去看文章。一般读者读的文章多是大家的成熟之作，但学生作为作文练习者，不成熟反而是常态。面对学生不成熟的习作，语文教师加以引导、纠正、点拨以增进学生的表达技巧，才是作文教学工作的重点所在！

也就是说，作文教学的价值不在于展示学生的优秀成品，而在于培养学生的表达能力，提高他们的习作水平。

当我们找对作文教学的重心后，再看"作文难在哪里"这个问题时，就知道过去的难，其实是我们过高的要求与标准和学生的实际能力之间产生了鸿沟，仿佛在拿工艺大师的水准去要求一个刚入门的小学徒一样。因为要求的错位，学生和教师（教师自己的水准也不一定很高）自然都陷在鸿沟里苦不堪言。要想填补这个鸿沟，一定要放弃过高的标准，不要去追求文人化、文学化、文艺化的作文，而是让每个学生在学习写作的过程中，逐步认识到写作是一种生活的需要，每个人都可以用文章的方式记录自己的生活小事、工作经验、思想情感、思维动态……也就是说，学习写作的最终目的是拓展我们的生活经验。

最后，说说有关方法的问题。以往的作文教学，有些教师是撒手式的，基本上只是布置题目，作文收上来后挑几篇优秀的作文在班里念一念就完事了，这种方法无疑是无效的。而有些教师呢，精讲审题，按照"凤头、猪肚、豹尾"的思路做专项练习，这种方法虽然是在做示例，但只是展示了外在标准的精彩性，并没有满足学生急需的切身性。还有一些教师，认为学生需要的是提升思维能力，所以大谈逻辑思维、辩证方法、思维创新。虽说学生习作需要一定的认识高度，但单纯地谈论一些高阶的认知技术，对尚未形成高阶思维的学生来说，最多也就是略知皮毛，而不能熟练运用。以上是我能想到的一些做法，应该还有其他的作文指导类型，就不列举了。下面就我个人的认识来谈一谈我在作文教学中的做法和尝试。

我的第一个做法是加强对成篇的要求，即每次写作文不管字数多寡，一定要求学生完成一篇从标题到结尾的完整作文，哪怕是字数不够也不能没有结尾。让学生从一开始就树立一个成篇的意识，有了这个意识之后，才可能有意识地去完善开头、行文和结尾，而不是脑子里塞满了各式各样又毫不相关的精彩开头和结尾。

我的第二个做法是给出一个基础性的认知过程——知、思、悟、证、行，这个过程是根据我长期任教的高中学段学生的特点提出来的。因为我经由思考给作文下了一个定义：作文（写文章）就是，使用文字从"时间、空间、人事"任何一个内容上入手，通过在"历时"和"暂时"之间不停切换的形式，对"时间、空间、人事"进行统一的记录。这个定义既包含作文的切入点，也包含具体的内容，还包含技巧的展示，最重要的是我试图把人人视为"巉岩"的创作，转换为人人能做到的记录。一旦学生理解这种转换的意义，就会发现作文神秘的面纱已经被揭开了一大半。此时就可以把

"知、思、悟、证、行"这一基础的认知过程教给学生，而学生只要数着手指头把这个过程写下来，就能写出一篇属于自己的文章了。当然了，这个过程只是一种常规样式，学生要想写得精彩，写出自己的个性，只要依据这个过程自主调整和适当补充基本上就能达成目标了。

当然，除了上述两个做法之外，平时写写小练笔，在课文讲解时总结行文规律，就特定材料或特定主题开展思维拓展、口诀提炼等活动也是必不可少的。近些年来，我逐渐形成了一个不太成熟的认识：作文教学是一个系统工程，而作文训练的本质是要训练学生思维和语言之间的契合度。当我们帮学生去逐步提升契合度时，我们就不再是学生学习写作过程中的旁观者和评判者，而成了学生学习写作路上的辅助者和同路人。

凌宗伟：是的，作文教学倒不像阅读教学那样乱象丛生，它缺的是基本规范与基本方法。罗晓晖老师有本著作《高中作文要义——思维、材料和技巧》，他希望自己的这本书能够为改变现状助力，我也希望啊，只不过我没有晓晖那么乐观而已。我们这些年长一点的老师有时候不可避免地会成为"培训者"，培训者通常逃不过一个问题，即受训者总是希望学了便有立竿见影之效。或许这就是他们理解的"实效"，您既然认为写书（不好意思，我可能又泛化了您的意思）的另一个原则是"要有实效"，您能不能谈谈作文指导如何才能有实效？尽管我在《高中作文要义——思维、材料和技巧》中看到了您的一些主张和具体的做法。

罗晓晖：教学是谋求学生有意义的改变。也就是说，教学必须是有实效的。

确实，如您所说，很多受训者总是期待能在培训中获得"拿来就可以用"的东西。对于这种心态，要给予理解。在受训者面前的培训者，相当于在学生面前的老师。学生期待"拿来就可以用"，受训者期待"拿来就可以用"，都是正常的。

作文指导如何才能有实效？这个问题很复杂。我对作文教学的实效性问题进行过长期的研究，我的经验简单直白地概括出来有如下八点：

第一，大作文训练是基本无效的。练笔则是学生自己在发挥，不具备教学的意义。

第二，作文需要教师的指导，而有效的作文指导要求教师必须具备丰富的写作体验和良好的写作能力，很多教师因不具备这样的体验和能力而无法有效指导。教师应尝试"下水"。

第三，个性和创造是学生天性部分的发挥，作文只有在技术层面才是可训练和改进的。

第四，作文是书面表达，书面表达必须以足够大的词汇量，尤其是书面语词汇量为支撑。

第五，有质量的写作必须从模仿开始。

第六，反复锤炼一篇文章，比多写几篇文章更有用。好文章是改出来的，在修改过程中学生容易找到优化表达的操作经验。

第七，从训练角度说，写作文应从训练造句开始，让学生在打磨句子的过程中，寻求对语言表达的准确、精练的体验。段落写作是最重要的，这样的训练才可能做到目标明确、有的放矢。

第八，教师要去了解、面对和解决学生在写作中的真实的困难，不能迷信"写作源于生活""要有真情实感""要写出触动心灵的人和事""叙事要有波澜"等正确而无用的废话。

至于具体怎么操作，那得写几本书，一时半会儿讲不清楚。我要像维特根斯坦所说的那样，"保持沉默"。哈哈哈！

凌宗伟：当然，您完全可以保持沉默。我们换个话题，我从1980年开始做语文老师时就有个梦想，作文训练还是要有个序列，不能太随意，不知您对此有没有不一样的看法，或者更好的建议？

罗晓晖：我同意您的看法，作文训练是需要序列的。但我的同意是有限的，我认为有个大致的序列，但教学中任何序列都不宜是机械的、僵化的。真正的关键并不在于这个序列多么完整，多么成体系，多么高级，而是序列中的任何一个点位，都必须根据学情来落实，落实下去就能产生实效。只要能真实地改变学生，有无序列，问题并不大。

我们为什么需要序列？是因为我们相信，一个序列能够实现我们所期待的改变学生的目标。也就是说，我们所需要的，实质上并不是一个序列，而是这个序列所能起到的教学的效用。如果一位教师的作文教学很随意，却能使学生写出好文章，为什么不可以？当然，这种"从心所欲不逾矩"的境界太高了，这样的教师是稀有的。

所以我还是同意，作文训练需要序列。

在我的教学实践中，我只有一个比较模糊的阶段划分，没有明确细化的序列。我训练学生写作，主要是这样的思路：积累——模仿——发挥。

第一，高一阶段，以积累为主。我基本上摈弃了大作文训练，把高一的作文课改为资料阅读，目的是积累写作资源。我的要求是，学生自主阅读他们感兴趣的诗歌和散文，积累词语，尤其是修辞有特色的短语和句子。我认为诗歌和散文，最有利于学生找到他们所能理解的"文学表达"的感觉。高一阶段基本不写作文，改为读书、摘抄，每两周一次全班交流。读书还可以积累思想和启发思考，缺乏有价值的思考，就不会涌现出有意义的表达。

第二，高二阶段，注重模仿和片段写作。作文训练，先从打造有品质的句子入手。对造句的要求是，要么有深刻的思想，要么有精彩的修辞。你高一不是做了那么多摘抄，积累了那么多自己觉得精辟和有意思的语句了吗？那么你给我依样画葫芦。你先给我打造出一批有品质的句子，然后你才有资格进入语段的写作。一个句子你都写不好，我敢相信你能写好一个段落或一篇文章？

高二阶段的作文训练重点，主要是句子写作和段落写作。主要方式是模仿。作文要先做范本模仿，允许但不鼓励所谓个性或创造。先把文章写得有模有样，再来抒发性灵。小时候的自由书写，是保护天性；成年后的自由书写，是鼓励创造——而中学阶段的写作学习则应强调法度，强调技术，立足模仿。模仿就是学习，是借鉴。"创造—模仿—创造"，这是符合写作发展的逻辑的，跟怀特海"浪漫阶段—精确阶段—综合运用阶段"的认知发展阶段，我觉得是相通的。

第三，高三阶段，学生写作文可以自行发挥。到了高三，我认为训练差不多就结束了，我的事干完了，剩下的是学生自己的事了。经过两年的训练，学生能达到怎样的水平几乎已经定型，继续训练是没有太大价值的。如果说这个阶段还有什么训练的话，那就是修改——学生自行修改他们的考场作文，我给他们定的基础性目标一般是53分。

需要补充说明几点。

第一，鼓励学生的自由书写。学生如果乐意练笔，可以自行去练，我会倡导，会鼓励，但不负责，那是学生自己的事。如果学生愿意拿给我看，我当然也是会提点意见的。至于你练不练，我不强求。因为自由书写关乎天性和才华，想写的，自然会去写；不想写的，强制他们去写，就会很痛苦。

第二，我不针对文章结构安排进行训练。我认为一篇800字的考场作文，根本不存在复杂的结构，用不着训练。以高中生的智力，篇幅这么短小的文章，其结构是不难把握的。我会找若干在结构处理上堪称典范的文章给学生看，简单讲几句就行了。

第三，我之所以摈弃大作文训练，是因为当今考试多，而考试中基本上都有作文题，学生并不缺少大作文的写作机会。我还是很谨慎的，但我的教学实践反复证明，平时训练写大作文基本上是无效的。这种训练，非但无效，还很痛苦。学生写起来痛苦，教师改起来更痛苦，大家都痛苦，何必呢？

作文是作出来的文章，这有别于文学创作。创作要靠才华，才华是属于天赋的范畴——从某种意义上说——是不会因训练而提升的。创作是"创"，而作文是"作"，也就是造作出来的，这是可以因训练而提升的。我们把作文看作一个技术活，这很重要，有利于教师降低对作文的期待，也有利于明确作文教学的内容。至于才华这东西，如果真的有，自然会在作文中表现出来，你不训练，它仍然会有所表现的。

凌宗伟：谢谢晓晖老师！接下来我们听听王雷老师的意见。

王　雷：前面我谈过，主张将语文课分为两门课——"语言（习得）课"和"文学课"。对应这两种语文课，写作也分为"实用写作"和"文学写作"。

（一）实用写作

"语言习得"这门课程的"听说读写"的"写"是指"实用写作"。这是每个人，每个现代文明社会的人，每个公民都应该具备的基本能力，是现代学校教育必须承担的责任和义务，中学语文教学必须在此方面进行严格、科学、有序的训练。

几乎所有国家的基础教育都高度重视这种实用写作教

学，而我们从小学到高中的12年时间，竟然从来不做这件事情。

我们的作文教学跟我所说的"实用写作"风马牛不相及，甚至是背道而驰的。我们从小学开始的写作训练，就是教他们"作文章"，就是所谓好词好句堆砌起来的伪记叙、伪议论和伪抒情的东西。而"实用写作"最基本的原则就是"真"。

中学写作教学应以实用写作为主，而且要进行系统、科学、严格的训练；文学写作则可有可无，视学生志趣而定，不作统一要求。

理由主要是下面两点：

1.实用写作在日常生活和工作中的应用极为广泛，以至成为必备的基本技能之一，而文学写作则是少数人的事情。

2.实用写作有明确的任务、目的、标准和要求，可教，可学，可训练，可评估；而文学写作没有统一的标准，也很难进行有效的教学和训练。

实用写作又可分为两大类，一是应用文，二是论文。两者都要教，都要学。前者主要教常见应用文，如申请、通知、启事、说明、便条，等等。后者又可以分为两大类，一是专业论文，二是非专业论文。中学阶段则以后者为主。

下面我着重谈谈所谓"非专业论文"。

"非专业论文"这个说法可能不太准确，我的意思是，并非某领域的专业人士所写、却围绕该领域中某些问题展开探究、分析和评论的文章。比如学生学了历史课本中法国大革命的相关内容后，写一篇关于法国大革命的论文——在学习任何学科的某些内容之后，都可以写相关的小论文。看一部电影可以写影评，看一篇小说也可以写小说评论。但他们又不是影评家、小说评论家或数学家、物理学家，所以，我把这一类论文称为"非专业论文"。

　　非专业论文包括时事评论、文学（影视）评论、学科小论文、读书心得、读（观）后感、学习体会、经验介绍、工作（学习）总结、科学实验报告、社会实践报告、演讲稿、发言稿、辩论稿等。

　　我着重讲前面三种：

　　1.时事评论

　　"时事"是指当前世界上发生的任何事件，国内外、各领域、或大或小、或冷或热、或正向或负向。作为现代社会的公民，有权利甚至有义务就自己关心的任何事件或现象发表观点。

　　我认为，就公共事件自由发声是一个成熟的公民社会的标志。中学写作教学一是要鼓励学生关心时事，关注现实，参与生活，思考人生，敢于发声，乐于写作；二是要教他们如何写作这一类文章，教他们这类文章的写作规范（学术规范）和基本要求。

2.文学（影视）评论

我前面说过"语文课"应该是两门学科，合则俱伤，分则两活。两门课都很重要，相比较而言，语言习得更重要。这两门课都以语言文字为媒介和工具，所以它们有密切的联系，"读"和"写"是这两门课的共同要求和重要能力。文学课的"读"主要是文学阅读，而语言课的"读"则要广泛得多。文学课的"写"主要是文学写作，而语言课的"写"则是我上面提到的"实用写作"。所以，文学作品的阅读和文学评论的写作是这两门课程的交集。

3.学科小论文

大学老师常说现在的大学生不会写论文，这真是一点儿也不奇怪。论文不是天生就会写的，需要教，需要训练，需要经常写。道理再简单不过，但直到高中毕业，我们要求学生写过学科论文吗？几乎没有。为什么？因为高考不考这个东西。

我认为，每个学生每学期每门学科至少要写一篇学科小论文，这是最低限度的要求。

学科小论文的写作意义特别重大，它可以促进学生思维的全面发展，加深对学科知识的理解和应用，提高理论素养、科学素养和表达能力。中学竟然从来不提这个要求。学了这么多年数学、物理、化学、生物、地理、政治、历史，居然没有写过乃至写不出一篇与学科理论相关的，或多学科交叉的，或学科知识在生活中的实际应用等方面的小论文，谈何真正的学习、真正的理解？这是让人痛心的。

其他像"演讲稿""辩论稿""学习总结""实验报告"等都属于论述类文章，要有判断、有结论、有观点，更要有论据、理由和相关事实。当然还要有论证过程，在分析、比较、推理时要有严谨的逻辑和充分的论述。这类文章都有明确的针对性、目的性和实用性。比如"发言稿"，要考虑对象和场合，要了解听众的心理和期待，因此切忌"假大空"，这类文章最怕的就是不着边际，泛泛而谈，空洞说教，矫揉造作。

非专业论文写作除了一些基本体例和格式上的要求之外，还有五点要特别注意的地方：（1）问题明确、概念清晰、表述准确；（2）客观、理性、公正；（3）独立性和创造性；（4）逻辑性和条理性；（5）针对性和实用性。

对照以上要求，我们看看现在的中学写作教学存在哪些问题。

首先，对写作能力的重要性认识不够。提起作文就头疼的不单是学生，教师也苦不堪言。然而，作文能力太重要了。语言是最重要的人文工具，生活、学习和工作中几乎须臾不离书面表达（包括口头表达），写作能力不仅是综合素质的最重要体现，甚至就是最核心的素养，而且还是人的思维素质的最重要的载体。总之，作文能力的重要性怎么高估都不过分。欧美国家基础教育阶段高度重视培养学生的写作能力，很多学科都以提交论文作为评分的依据。

其次，中学写作教学实施失范。第一，我们没有写作教材；第二，我们没有系统的、严格的、有序的写作训练；第三，我们不知道写作教学究竟要教什么，为什么要教，怎么教，我们通通不知道。我们只知道：啊，好长时间没写作文了，那写一篇作文吧，写什么呢？嗯，找找看有什么好题目……好，就写这个题目吧。我听说在有些学校，学生在高一、高二两年时间里都没有写过什么作文，到了高三还不想写，因为没时间。一直到高考前，发几篇考场优秀作文和其他范文背背，再找些好词好句好素材背背，就上考场了。最要命的是，他们居然应付裕如，一不小心还可能拿个高分。

再次，高考作文从立意命题到阅卷评分都出现导向问题。每年高考之后，作文命题和阅卷评分标准都会引起社会的广泛争议，同时牵连着考生的未来命运。还有一个问题是，我们故意模糊"实用写作"和"文学写作"的界限，鼓励学生进行伪文学写作。比如记叙文，以及所谓的大散文，都是典型的伪文学体裁。古人讲"修辞立其诚"，我们的作文教学、训练和应试，从始到终，从里到外，从头到尾，只有一个字——假。

写作作为意义非凡的人类活动，其本质、目的和价值，其范式、标准和方法，都需要人们去深入地探究、理解和把握，去准确地界定和严格地践行，否则，它就变成一项没有意义的活动了。现在的中学作文写作就是这样，它只剩下一个目的，就是博眼球、拿高分，其他死活不管。

论文写作说到底就是一个思维问题、逻辑问题，就是一个求真务实的问题，就是一个科学态度和科学精神的问题，就是一个在任何事情上公开地行使个体理性的权利问题，就是一个独立之人格和自由之精神的问题，就是一个广泛的公民参与的问题，就是一个思想自由、言论自由的问题。"非专业论文"的写作应该是中学写作教学最重要的任务。这种写作培养并锻炼人的科学精神和态度，锻炼人的思维能力和逻辑能力，增强人的理性和智性。

说到这里，我认为，中学阶段应该有专门的写作课。如此一来，在我的主张里，"语文课"就应该分成三门课：语言习得课、文学课和写作课。

（二）文学写作

文学写作我就不多说了，这个可以作为选修课。

凌宗伟：谢谢王老师如此细致入微的回答！欧阳老师一贯反对学生作文的"假大空"与"无病呻吟"，强调学生作文要有真情实感，也时常看到您为学生作文的真情流露而拍案叫绝。那么，您能不能具体谈谈造成学生作文"假大空"与"无病呻吟"的原因何在，以及您是通过怎样的努力帮助这些学生走出"假大空"与"无病呻吟"的？

欧阳国胜：反对学生作文的"假大空"与"无病呻吟"不只是我个人的做法，而应是语文教师和学生的一项基本素养。说真情，谈实感，讲人话，这应该是常态。改作文的过程，应该是教师与学生真诚对话的过程。在我看来，病句并不可怕，可怕的是作文中完全没有"我"。看到学生真情流露而拍案叫绝实质上是一种深层次的对话与回应，是一次生命与生命的感应，是对学生生命个体真实存在的感发与喜望。

造成学生作文"假大空"与"无病呻吟"的原因当然很复杂。一是命题者的导向可能趋于空泛，使得大背景下学生总想揣摩并顺应命题者之意；二是教育生态下学生大量刷题而阅读匮乏，以致思维局限。

帮助学生走出"假大空"与"无病呻吟"是我们一线语文教师义不容辞的责任。"病根"或许还是在阅读上。我会想方设法让学生多阅读，深阅读，然后在此基础上开展一些思维层面的深层对话训练，让学生畅所欲言。比如，我曾用一节课的时间与学生讨论"语言是什么"这一话题。

我的具体做法第一步是提前10天抛出这一话题，开出一些书目让学生自主阅读。第二步是提前3天公布一些思考问题，如：语言的定义是什么？语言的种类如何划分？语言与家国情怀的关系是什么？语言的内容与形式的关系是什么？无言是一种语言吗？一片树叶的掉落是一种语言吗？手机是一种语言吗？第三步是课堂上让学生集中讨论甚至是辩论，教师只适时引导并做一些升华。第四步是让学生在交流的基础上，写出个人文章。第五步是邀请具备广泛阅读基础的优秀在校大学生对同一话题进行讨论。比如针对"语言"这一话题，我就邀请了我的一位学生——2017届的福建省高考状元温晋同学进行讨论。温晋同学在清华大学接受了更为广阔的阅读训练，他从海德格尔"语言是存在之家"的角度来谈语言，引用海德格尔"哪怕我们根本不吐一字，而只是倾听或者阅读，这时候，我们也总是在说话"的观点，并结合了他自己对"语言"的理解，这样就可以给学生一个参照。语言本应是发自内心的，学生写作也应当抒发真情，只要长期坚持做这样的深度训练，学生是可以说人话的。

凌宗伟：我看到您的一篇文章《"批评不自由，则赞美无意义"——由深圳一模作文之争想到的》，在这篇文章里，您说："我愿意并诚恳地接受您学术上的严厉批评，甚至是批判都可以，却不愿见着您作为光荣的人民教师在完全没有理据的情况下不分青红皂白、简单粗暴地作结论。"对此我颇有同感。您觉得语文圈子里有学术吗？如果有，能不能举几个例子谈谈？如果没有，原因何在？如果没有严肃的学术批评会给语文教学带来哪些问题？您有哪些担忧？

欧阳国胜：哈哈哈，罗晓晖老师称您为"凌扒皮"真是一针见血，这个事儿也被您"扒"出来了，他对您的了解与精准概括真是令我佩服。

凌宗伟：访谈也是技术活，事先不做功课，不就是瞎访瞎谈吗？

欧阳国胜：是这个理。那次其实是一次有意义的论争，论争的全过程本身就是平等的学术研究与交流，当然过程是起伏的。起因是2018年深圳一模《你孤单吗？》一文在评改时给了59分，很多老师在微信群里表态，认为不应给59分，而应给满分60分。我思考后慎重表示最高给46分（实际可能只能给42分），遭到一些老师的批评甚至是人身攻击。于是我写了这篇浅文作为学术回应，从标题到每一个自然段都给出了我的学术依据，后来发到微信群里与深圳的同行交流，没想到不仅得到了深圳同行的一致认可，听说相关部门还为此专门召开了一次纠偏会，重新审视并评定了这篇作文。由于任务型作文新出，一些老师对此类型的作文可能还不太了解，在作文评分上有较大偏差，这在各地还是比较普遍的。作为最早切入"情境"的命题，任务驱动型作文是一种必须结合"任务情境"具体思辨的作文，不能脱离命题提供的任务情境而空议泛论。"任务驱动型作文"这个概念最早是教育部考试中心命题处专家张开老师在2015年《语文学习》第8期上总结分析2015年全国高考试题时阐述的。我应该是较早注意到的人之一。后来厦门市教育科学研究院语文学科教研员陈岩立老师推荐我在福建省高三语文教学年会上开设了"任务驱动型作文"的省级公开课，第一次把这种新型作文带向全省，反响非常强烈。后来我又分别发表了《"任务驱动型作文"名称溯源、命制要求与写作指要》和《任务驱动型作文的内涵解读与写作指要》的相关论文，这应该是刊物发表的最早专论"任务驱动型作文"的论文，后来《任务驱动型作文的内涵解读与写作指要》一文又被中国人民大学《复印报刊资料·高中语文教与学》2016年第7期全文转载。"任务驱动型作文"的研究由福建扩大到广东（包括深圳），后来影响至全国。再后来，试题强化"任务情境"后，"任务驱动"的概念便淡化了。深圳那时的研究热潮甚至超过了福建，但尚处于研究初期的一些老师并未真正领会要旨，当我质疑他们的考场评分并做出书面分析——就是您看到的那篇文章发出后，深圳同行能虚心接纳观点，同时在多领域开拓新研究，并且第一时间分享研究成果，尤其是命题与评价方面的研究内容，这是很令人感佩的。所以，我觉得那是一次很平等的深度的学术对话。

凌宗伟：谢谢欧阳老师。

梅　香：据我了解，唐缨老师对写作教学也是颇有研究的，能谈谈您关于高中写作教学的心得吗？

唐　缨：好的，谈写作教学常常会提到"读写一体化"，对"读写一体化"有两种理解，一种是认为语文教师读而能写，另一种则认为是语文教师运用自己综合阅读的经验来指导学生的写作。这两者都很好，从实际教学的目的和以学生习得、成长为中心而论，我觉得后者在当下的意义可能更重大。毕竟，即便是"写"，也包含了文学性写作、实用文写作、论文写作等不同类型，如果只是文学写作，我觉得还是窄了些。"能写精辟论文而写不来抒情散文的教师，其'写'的能力是不良的"，这种说法恐怕也站不住脚。但不得不说，很多教师在作文指导上的效能低下，和阅读素养（不是写作素养）的欠缺是有莫大干系的。毕竟，中学生的作文只针对一般写作能力，基础教育阶段也不要求所有学生都变成文学创作者，我们还是倡导作文应该面向真实世界，表达真实心声，进行真实交流，解决真实问题，而要在写作中达成这四个"真实"的要求，不单单是靠文学性写作就能完成的，对教师的写作指导的要求也更侧重于以丰富的阅读量为基础的综合语文素养。顺便提一点，我不太赞同让教师写"下水作文"并以此标定其写作能力，更不应该用这种方式去变相羞辱教师。教师毕竟是成人，他的综合能力表明他已经跨越高中生的能力阶段，写应试性质的"下水作文"，其实是要求教师降低自己的能力回头写低级别的东西。

（六）

网络时代的教学导向与资源应用

梅　香：如今，多媒体与网络正在改变人们的生活，青少年的阅读一方面来自学校、课堂，另一方面则是来自校外的、生活化的，包括网络上的大量资源。网络资源是否也应该成为语文教学的重要资源？高中语文教学，应如何面对日新月异的新媒体与网络世界？我想请唐缨老师和邬建芳老师分别谈谈他们的看法。

唐　缨：书本资源是资源，网络资源当然也是资源，就像盐，不管是海盐还是井盐，它只要是盐，用哪个都是调味而已。当语文教学的范畴从单篇课文扩展为任务群的时候，从课本里抬起头来多打量生活中变化多端的"语文现象"，从中激发原本少有的"语文灵感",可谓善莫大焉。

同时，我们必须要纠正那种非黑即白的机械二分法思维，例如，把纸质阅读和电子阅读对立起来。把一本《红楼梦》扫描成PDF格式放在kindle里看，它就异化成"低端阅读"了吗？为什么我们倡导读了《雷雨》，务必要看看话剧、电影以作比较？因为这不仅仅是增进阅读兴趣，这已经走向了正儿八经列入任务群的"跨媒介阅读"。更不要说，假如我们的眼界稍微开阔一点，就会发现诸多新媒介的改编之作，甚至超越了原著，著名电影《肖申克的救赎》就是一个典型案例。我们为什么要拒绝一部后来居上的好作品呢？

我们也需要为网络阅读、电子阅读做一点正名的工作，我们喜欢把它们定性为"碎片化阅读"。第一，把网络阅读、电子阅读等同于碎片化阅读，犯了任意改变概念的内涵与外延的基本逻辑错误；第二，目前的研究也发现了"碎片化"方式存在的意义和价值；第三，比起阅读形式，似乎还是阅读内容更重要。试想，如果花了很长时间完整读完的只是一部诲盗诲淫的书籍，那又如何呢？

当然对于网络世界，其负面的东西很多，要警惕的也很多，已经有太多专家的分析指导，就不在此赘述了。

邬建芳：网络时代，想把网络资源隔离在语文教学资源之外，是做不到的。且不说现在大量优质资源已经搬到了网上，网络资源获取的便捷性、丰富性和生动性也让老师们难以抗拒。但是，网络世界毕竟纷繁芜杂、光怪陆离，因此，"拿来主义"作为一种方法论还是很有必要的。这挑战着教师和学生的选择能力，如何"放出眼光，自己来拿"？如何"取精华，去糟粕"？没有强大的"过滤"功能，恐怕很容易迷失在信息的丛林里。

面对日新月异的新媒体和网络世界，语文老师围绕学习目标，带着学生一起"下海淘宝"，广阅之，慎取之，善用之，集结优质资源、创意完成学习任务，也是很有意思的学习体验。

一朵具体的花赛过千百句描述它的语言。我想以自己的一个"跨媒介阅读与交流"学习任务群的教学设计课例来印证这个话题，不知是否合适？

这堂课的设计灵感来自"音乐诗人"李健翻唱的《十点半的地铁》，从这首网络流行的民谣入手，渐次开展语文读写活动，引导学生学习运用多种媒介资源展开鉴赏和诗意表达，让一首好歌的价值最大化。

我将这节课命名为《跨界之美，自由无界》。这堂课的教学设计意图有以下三点：

1.音乐，尤其是歌词，和语文有着天然的联系。赏析歌词就是在进行语言的审美活动。

2.流行曲目最具"当代性"，引导学生关注当代网络文化（对这首民谣的网上评论、相关视频等），兼顾了"当代文化参与"；坚持正确的价值导向，辩证分析网络对语文的影响，提高学生对语言和文学的鉴赏与表达能力。

3.通过让学生体验"聆听者——创作者——记者——编剧"几个角色之间的"跨界"，激发学生情景表达、处理、辨识媒体立场，多角度分析问题，形成独立判断，并拓展到未来职业体验。

课堂教学流程

一、情境创设，课前播放民谣，并下发《十点半的地铁》歌词学案。附——

十点半的地铁/终于每个人都有了座位/温热的风，终于能轻轻地静静地吹

身边的姑娘胖胖的她/重重地靠着我睡/我没有推我不忍心推/她看起来好累

……

我也疲倦了，这是我唯一不失眠的地方/悲伤的难过的，在这里我没有力气去想

城市的夜在头上，沉默经过它的心上/尽管它千疮百孔，仍在夜里笑得冷艳漂亮

……等到了站下了车，余下的路还有好长/不去想 管它呢，让风吹在我脸上

——此环节，把网络上的音乐作品链接到课堂内。

二、导入、驱动学习任务一：

聆听、品味民谣；边听歌边读词，用两个关键词描述感受、分享初听感受。

学生分享的词语：清新、唯美、安静、孤独、温暖、慈悲……

适时追问：从哪些语句中感受出来的？（借此完成对歌词的初步欣赏）

引导学生把这些关键词连缀起来，写一段短评。

示例（网上高赞乐评）："李健，像是一个骑着单车的少年；慢悠悠踩着记录这一切；冷静、客观、慈悲地唱着，悲欢喜乐都接受，所以洒脱。"

——此环节，把网络上的精短乐评链接到课堂内。

三、过渡、驱动学习任务二：

讨论：歌词创作者是怎么把这些感受表达出来、有效传递的？

学生讨论结果整理如下：

1.标题："十点半的地铁"用一个时间词和一个空间词来确定坐标、观察角度和叙事起点。

链接：诗人食指的《这是四点零八分的北京》、畅销书《哈佛凌晨四点半》……

效果：时空定点后，内容可控。

2.歌词中的人物动作、细节描写，很有现场感，画面可见。

3.通过意象"风"来安排线索；把城市的"夜"拟人化，"余下的路"一语双关……文采可圈可点。

4.通过"疲倦、悲伤、难过"等词直抒胸臆，抒发怨而不怒、哀而不伤的迷惘、悲悯感情，欣赏者的情绪被带起来——可感。

5.作为民谣，语句自然追求押韵、叠词，富有音乐美——可歌。

找到传递一种情绪、演绎一个主题的"好容器"——美的形式！

四、一度跨界，驱动学习任务三：

用以上的表达方法，尝试"一度跨界"："聆听者——创作者"。

1.给出几个创作标题，等待几个好句子：

"周日下午的公交车""中午十二点的食堂""下午一点半的教室""九点半的校园"……

任选一题，写下3~4行诗句（或者歌词）

2.学生课堂创作、交流、老师点评、回扣技巧，鼓励学生课后连成一首完整的校园民谣。

3.链接歌曲原作者刘锦泽的采访视频，了解他的创作背景和感受。

4.老师展示自己的仿作《九点半的校园》，为学生示例。

九点半的校园，下课铃抚慰了整晚的焦灼。收起笔袋，疲倦在每个角落淡淡飘散。

朗朗的月在天上，柔光披拂在我的肩上，尽管它阴晴圆缺，终能指给我光亮的方向……

展示后鼓励学生发展兴趣、大胆创作，未来可能就是一个原创型的民谣歌手。

五、二度跨界，驱动学习任务四：

《诗经》中的"国风"就是反映各地民风民情的民谣，可以"兴"，可以"观"，可以"群"，可以"怨"，你带着这样的社会责任感与敏感度，又会从这首民谣诗歌中发现什么？

由此尝试"二度跨界"："创作者—记者"，透过民谣，观察世风民情——你跨界为一名记者，在深夜地铁站采访，请设计一个问题，并写一句采访锐评。

观看"中青在线新闻"视频："北京十点半的地铁"视频资料——学习记者提问：

（1）你为什么选择来北京？

（2）你来北京时的心情及变化？

（3）是否曾遇到困难或压力？

（4）是什么让你坚持留在北京？

……

此环节，把网络上的相关短视频链接到课堂内。

锐评示例：

（1）都市打拼一族的确辛劳不易，要学会在困厄迷惘中自我开解，也要善于到同类中，寻找默契与安慰……

（2）同为底层奋斗者，彼此小小的爱怜悲悯都会攒成一份继续前行的力量……

（3）不管怎样，认真对待生活的普通人都值得尊敬……

教师小结：当我们能够从流行娱乐作品中去洞察社会、感悟生活、关心他人时，我们的思想就慢慢有了深度，我们的文章自然也会更有厚度！

六、三度跨界，驱动延伸学习任务五：

喜欢几米漫画的都知道，他的漫画作品《向左走，向右走》《星空》等都丰富了情节，改编成影视作品，非常受欢迎。那么，一首民谣有没有改编的可能？歌词里面有那么多的空白、那么多的故事可以填补！比如——

那个"胖胖的姑娘"，那个阿姨，那个大叔……夜里十点半，地铁里，他们各自经历了怎样焦心劳力的一天？那个妹妹为什么流泪？那个"我"为什么总是失眠？

当我们立足现实，发挥想象，《十点半的地铁》完全可能改编成一部音乐短片，或者"微电影"，甚至一部连续剧。

由此，鼓励学生课后尝试三度跨界："记者—编剧"（这个环节留作课后兴趣作业）

并推荐李健翻唱的另一首民谣《父亲写的散文诗》，激扬文思，迁移学习。

七、总结，揭示本课设计宗旨，深化思想认识：

一首歌，聆听它优美的旋律；品赏它丰厚的意味；通过它观照世态人情；思考社会人生；甚至开发拓展成一部影视作品……我们试图通过本节课的学习，发掘一首民谣的艺术价值、社会价值乃至商业价值。

如何让一首好歌的价值最大化？高中学生听听歌，不仅涤荡心灵，也能积累写作资源；细品歌词，也是在进行深度鉴赏；咀嚼词句，对语言感觉更敏锐；模仿写作，让表达"可运于掌"般自如！更重要的是，透过民谣之"窗"，观照现实人生，发现你的眼睛还能涌出热泪，你的心底有"众生即我"的悲悯……

是啊，语文哪有什么疆界？语文的外延与生活的外延相等！跨界之美，美在一种思维转换的乐趣，美在心灵的玲珑通透，自由舒展，不自我设限！

心无界，则行无疆；无畏跨度，即为无界！心无界，臻语文大美之境——是为跨界之美！

【课后自评：设计创意和情感起点源于听歌的真实感动，在于对歌词的教学价值的多重发现。扣"跨界之美"这个主题而设计的几个教学环节，学生对民谣以及"角色"的几重转换比较感兴趣，课堂活跃度较高，对照课标"学习任务群3/跨媒介阅读与交流"：旨在引导学生学习跨媒介的信息获取、呈现与表达，观察、思考不同媒介语言文字运用的现象，梳理、探究其特点和规律，提高跨媒介分享与交流的能力，提高理解、辨析、评判媒介传播内容的水平，以正确的价值观审视信息的思想内涵，培养求真求实的态度。基本达成预设的教学目标。】

【听课者评："听了这堂课，最深刻的感受就是'跨界，让语文课充满活力'。这堂课的设计是一个三度跨界，奇峰突起，这个课堂本身有节奏感，也充满活力、自信。邬老师的教学贴近学生，引人入胜；学生在这堂课当中也是充满活力的。这是令我神往的一堂课，我听得非常着迷。而且她对文学的价值，向社会价值和商业价值进行了一种扩展，

我觉得是为孩子们打开了一扇窗的。"——《跨界，让语文充满活力》】

关于"网络时代的语文教学"，核心还是"语文教学"，网络资源只是为语文教学资源提供了强大支持，当然也因其过于庞杂，而带来了选择的困难，需要更高的时间成本、机会成本。

抱紧"语文教学"之核心，语文老师关注和选择的当然是具有较高"语文教学价值"的网络资源，然后带着明确的读写教学目标，设计教学任务和活动，落点在"语文素养和能力"而非光怪陆离的"网络"世界。

凌宗伟：关于这个话题，其实前面已经有所涉及，只不过没有聚焦。感谢唐老师和邬老师结合具体的教学案例陈述了自己的理解。下面我也来说两句。

网上教学，并不是将线下的教学设计挪到线上那么简单。芬兰学者科丝婷·罗卡在《现象式学习》中说，"媒体素养是多元识读能力的一个子范畴"，"媒体素养与数字、信息及视觉素养重叠。它强调对各种媒体生态中的信息和知识的加工处理，对媒体文化现象的概念性理解、批判性思考，与媒体的互动，或涉及媒体的社会实践"。"教师应鼓励学生在创建内容时结合不同的媒体、格式和技术。教师还应帮助学生认识到不同类型的公共媒体的功能并教会他们如何保护自己的隐私。在学生的学习过程中，应着重强调培养评估信息传递的风格、理解互文性和识别不同媒体类型特点的能力。""要引导学习者去了解媒体内容类型的独特特征。通过各种媒体和平台创建多媒体的内容非常重要。学生应独立或以小组的形式练习解释、分享和评估发布在不同媒体中的信息。例如，制作一个视频或动画并将其发布到学校的内网上是需要进行集体协作的工作，它有助于理解多媒体的创建以及如何在事实和虚构之间取得平衡。阅读莎士比亚文学作品和观看当代电影可以提高对互文性的理解，因为许多现代艺术作品都借鉴了经典。最终，学生能够学到如何独立创作多媒体内容，并通过各种媒体表达自己的想法。他们还可以和其他学生一起讨论不同类型媒体的显著特点并评估互文性。比如《西区故事》和《罗密欧与朱丽叶》的共同主题是什么？"我觉得高中语文新教材虽然设计了类似的学习任务，但对没有媒体知识的教师和学生而言都是脱节的。如果教师不主动去了解这些知识与技术，是不能承担这些教学任务的。

美国教育者托德·奈斯洛尼、亚当·维尔科恩在《学生最需要什么——准确发掘学生需求，找到最佳教学方案》中有这样的表述："教育行业属于传统领域，几十年来我们在学校里一直重复着同样的事情。我们经常会想，为什么我们总是在做同样的事情？（我们在听到人们谈论所谓'21世纪的技术'时会觉得很有趣，可是我们是否仍在使用'20世纪的技术'？）"对此，我颇有同感，其实，许多教师使用的技术甚至还不及19世纪的那些大师们。最为可悲的是，虽然他们也在使用电子白板、电子黑板，有的甚至还用上了VR设备，然而对教学的认知还是停留在20世纪甚至19世纪。电子白板、电子黑板、VR设备不过给他们的单向输出提供了更为庞杂的内容与迅捷的频率而已。他们提醒读者："作为教育工作者，我们很容易被困住——特别是当我们在完成那些别人告诉我们必须完成的事情时。我们容易被'体制'所压制，或者落入'一直以来都是这样做'的窠臼。"但我们必须清醒地认识到："当涉及学习这个话题时，一直沿用几十年前的策略却是行不通的。"所谓时移世易，说的大概也是这个意思吧。我们今天面对的学生并非我们学生时代的学生，他们只要愿意，获取知识的渠道远远超过了我们当年。丰富的社交平台以及各种便捷的移动终端使知识变得唾手可得。所谓"弟子未必不如师"早已经成为普遍的现实。这大概属于前面谈到的"当代性"突出的表征。

如果我们自身没有清醒的学习意识，不去努力学习新的知识与技术，不试图将这些知识与技术转化为具体的教学行为，不积极地在教学实践中联系这些知识与技术的运用反思自己的教学，重新思考对教学的认识，又如何能够帮助学生在丰富庞杂的知识与技术面前学会思考与甄别，养成独立思考的习惯呢？进入AI时代的教师是时候拿起平板电脑，使自己的生活数字化了！

　　有一点是明确的，我们过去的所学，乃至今天的教材内容都是过去的知识，许多已经过时，学校教育的问题是用过去的知识教导今天的孩子去应对未来的生活，要走出这样的困境，就要将进步的现实技术引入教学，如果我们能将碎片化学习来的东西融入自己的个人知识系统，就有可能促进自己改变教学观念，进而改善教学行为，紧跟技术进步，与学生共同为未来而学习。另一个方面需要思考的是，如何让技术更好地促进教学，而不是依赖技术，更不能因此失去独立思考的能力，技术必须为人所用，技术终究只是辅助工具。还有一个实际问题是，必须有意识地提升自己的信息素养，只有掌握了利用信息工具的知识与技能，有意识地将其应用于解决实际的教学问题，才可能跟上人工智能时代的步伐。信息素养是我们身处信息社会的一个基本条件，如果不具备基本的信息素养，就只能停留在传统的教育世界中。

第四章

语文教师的
自我养成

（一）语文教师必备的学科意识

（二）为什么说语文教师应该是研究者

（三）如何看待语文教师的个人风格与『教学主张』

（一）

语文教师必备的学科意识

凌宗伟：前面我们讨论了语文学习与教学的基本要求，那么从教学的立场来看，要帮助学生达成语文学习的要求，语文教师就应该具备一点语文教学与研究的专门理论知识与专业的研究技能。关于语文教师要走专业化发展的道路，岳春光老师有过这样一段表达："很多老师一牵扯到一些'专业意见''专业书籍推荐'就会跑到大学中文系的研究内容上去，还有的会跑到思维哲学或政治经济学上去，更有甚者，其发言可以说是基本概念混乱，不知所云。这些问题的出现，究其根源，是用时间经历、职称地位和个人认知代替了专业学习。一名称职的语文教师，一名合格的语文学科研究者，在其讲求'语文专业发展'时，要具备的是学科意识和遴选准则。学科意识可以说是该学科工作者的基本认知，遴选准则可以说是学科工作者的学科自觉。也只有具备了学科意识和遴选准则才有可能成为一名称职合格的语文学科工作者。"能不能具体说说语文教师必须具备哪些"学科意识"呢？语文教师专业发展过程中肯定离不开专业阅读，您这里说的"遴选准则"我认为大概就是语文教师的专业阅读选书的准则吧，那么您认为，语文教师选书时必须依据哪些准则呢？

岳春光：我说的这段话，是我个人研究语文过程中认识到的一些现象和个人的一些设想，说出来仅供大家参考、验证。

在我看来，语文授课内容的经常性跑题，主要是三个因素造成的：（1）语文学科长期处在一个被忽视的地位，人们甚至懒得在概念上区分中文和语文（学科名称意义上的）；（2）语文教师自身对学科的认识不足；（3）对学科内容范围的不了解，催生出对权威的依赖和对学科外知识的崇拜。

先说第一个因素，我们说中文系的时候，好像默认就是在说语文，就像前面所说王力先生的那本书一样，中文其实并不能和语文画等号。中文系是"中国语言文学系"的简称，而语文学科教给学生的是国家规范后的语言文字，而且还是基础性的学科。也就是说，师范类大学的中文系，不同于普通大学里的中文系，而语文学科的内容和范围要比师范类大学中文系里学的那些窄得多，换句话说，语文学科有其特殊的范围和性质。很多研究者由于缺乏前面这种区分，在谈语文学科时，往往把中文系里不属于语文学科的东西拿到语文学科里来说事，恐怕他们不是不会区分，而是懒得区分。

在以上的模糊认识下，很多教师自然不会意识到语文学科的教学是深受学生制约的，所以他们在谈论语文学科时总想着往学科外的内容上跑。因为没有认识到语文学科的教学重点是培养学生基础性的语言文字运用，他们搬来自己感兴趣的内容以完成对教学任务的僭越就不足为奇了。所以，任何背离培养学生规范的语言文字运用的行为或内容都是需要警惕的，因为一不留神语文课就不是语文课了。上述是第二个因素。

我们再说第三个因素。当一个人对自己从事的领域茫然无知、手足无措的时候，往往会不自信，此时他会找一个该领域里的权威或一些看上去比较成熟的内容作为暂时的补偿，虽然这是人之常情，但这种情况作用于语文学科研究时就会阻碍语文学科自身的发展。因为很多权威人士即便相当有名气，也不像张志公和叶圣陶等先生那样了解语文学科的深度和高度，究其根源，还是前面提到过的"中文并不等于语文"。那些权威人士在文学领域的研究成果丰硕、声誉很高，但由于没有意识到语文学科存在的特殊性，在指导语文教学时，往往会出现基础性概念错误，这种错误一旦出现就会造成更多人曲解语文学科。

说到这里我发现三个因素其实是互相勾连的。基本思路是这样的：不屑了解什么是语文学科；不知道自己应该守住哪些边界却又自行其是；把决定权交给"权威"并引进相近学科中成熟的研究成果，自然什么都可以拿到语文学科里来。最后，前面的种种又加深了人们对语文学科的不屑，也就形成了一个死循环。

要想打破这个死循环，语文教师必须全面了解语文学科，这里的"全面"包括从语文独立设科起各个时期语文人所取得的语文成就，所面对的语文学科的真实问题，所发表过的各种语文著作，结合中华人民共和国成立以来各个时期的具体要求来准确定位这个学科。当然，这个方法乍听起来有些空泛，费时费力，似乎未必会有效果，但作为一名语文教师若不了解本学科发展史恐怕无法专业起来，姑且把这个方法当成一个长期目标吧。

那么，有没有快速识别语文学科专业研究书籍的方法呢？我个人认为"基本概念""基本范围"两个内容可以作为遴选语文专业研究书籍的准则。只要一本书不是在"语文"的范畴里谈问题，而是在"中文"的概念里谈问题，就不符合语文研究的标准。我在前面多次谈到了语文学科的特殊性，这里需要从范围上来解释一下了。中小学的各个学科其实有一个共同的限制范围，这个范围来自各个学科所服务的对象——学生，换个说法就是基础性要求。您前面提到的很多跑到其他领域里去的现象，其实就是无视基础性要求造成的。很多人拿大学中文系里需要专门研究的内容到中小学来耀武扬威，但这些内容本就不是基础性的。举例来说，在研读课文时，正确的做法是就文论文，从文章中提取相应的语言文字运用规律以便学生进行学习；而错误的做法是不去关注语言文字运用规律，转而搞作家生平研究。可以说，树立语文的学科意识，是一名语文教师专业化水平的具体体现。只有当一名语文教师知道什么是学科内的内容，什么是学科外的活动时，才能专注于本学科的建设而不是在学科之外的领域里打转。

在确立语文学科的基本概念方面，我推荐朱绍禹先生主编的《语文教育辞典》，这部辞典严格收录了语文学科所涉及的概念，而没有讨论语文学科之外的概念。在确立语文学科的基本范围方面，我推荐程达老师撰写的《语文学科论》

一书，这本书对语文学科所担负的责任范围写得很明确。

要是用一句话来概括"遴选标准"的话，我想应该是：从语文学科的基本概念和基本范围出发，聚焦旨在提高学生的语言文字运用能力的教学活动，能促进语文教师教育认识和提高教学能力的书，才是语文学科专业阅读书籍。

凌宗伟：谢谢岳老师。从您的"遴选标准"我想到了晓晖老师的一段话："不要把什么都放到语文中来，让语文负担太多不是好事。对语文教师而言，这事非但不光荣，反而很可怕。什么事情都往语文身上堆，最后必然是什么脏水都往语文身上泼。'误尽苍生是语文'，这是棒杀；'得语文者得天下'，这是捧杀。一定要懂得学科边界，不要认为你什么都能干。'语文是基础学科'，意思是所有学科的学习和思考都需要通过语言文字，而不是说语文学科需要担负其他学科的任务。语文不可以越俎代庖。"关于"棒杀"与"捧杀"您前面已经谈了，这里您能不能具体阐释一下对"语文是基础学科"的认识呢？

罗晓晖：其实我更喜欢说"语文是一门学科"，而不是"语文是基础学科"。"语文是基础学科"，这是长久以来的说法。

我很在乎学科的边界，我反对让语文担负不该担负的东西，这对语文不公平。"语文是一门学科"意思是，语文是众多的学科之一，作为学科，它和其他学科是平等的。"语文是基础学科"，我的理解是，语文是母语学科，而母语是思维的工具。我认为"语言是思维的工具"这个说法不准确，准确的说法是"母语是思维的工具"。据说陈寅恪、季羡林、钱锺书等人懂得很多门外语，但只有汉语是他们的母语，他们的思维应该是通过汉语进行的。我们在讲外语的时候，头脑中支持思维的底层语言依然是汉语，我们会把自己的思考翻译成外语再表达。只不过精通外语的人，头脑内部的翻译过程更迅速、更短暂。

我们的学生基本上是以汉语为母语的，也就是说，他们思考问题的时候头脑中在进行汉语操作。我们的各个学科，是用汉语来进行教学的，学生学习各门学科时，汉语是他们思维操作的语言工具。而语文就是要教这个工具的，从这个意义上说，"语文是基础学科"。这种认识或许肤浅，但我觉得也只能说到这种程度。把语文的地位抬高到吓人的高度，那是我坚决不同意的。

作为母语或思维工具，语文当然是非常重要的。但无论怎么重要，语文都不可以越俎代庖，因为这对语文学习而言是有危害的，会混淆学科边界。比如在语文高考试卷中，很多题目都不是"语文的"。文学类文本阅读、古典诗歌阅读、语言的实际运用题，这部分试题是语文的，其他题目则未见得。论述类文本阅读、实用类文本阅读，选材如果限定在语言学、文学、文学理论、美学等范围，我认为是可以接受的；如果命题材料超过这些范围，则应放在相关学科的高考试卷中。我的观点是，所有学科的中考、高考，都应该有阅读题的考查，这样才能使学生不只是刷题，还要真正去读几本书。学习数理化，难道不需要读一些跟这些学科紧密关联的书籍吗？初中生学习平面几何，就应该读一整本的欧几里得；高中生学习力学，就应该读一整本的牛顿。高考文言文试题经常选的是"二十四史"，我觉得这也是越过了语文的边界。"二十四史"的阅读题，应该放到历史高考试卷中。学习历史，难道不应该具备阅读史料的能力吗？高考文言文的命题材料，应该是文言散文、古代诗论、文论等。这样才能彰显语文的学科特色，才是做语文该做的事。初高中学生所学基本上是文言散文，结果呢，高考所考的文言文多数却是史传。这样就造成了教考脱节，对语文教学是严重的误导。

除了外语学科，各个学科的书籍基本上都是用汉语书写的，大家都觉得语文很重要，离开了语文不行。这种认识有一定道理。然而，一说到学生读书，各个学科的教师都望着语文教师，认为带领和指导学生读书是语文教师的事。这种认识是对语文学科基础地位的误解。所有学科都有义务带领学生阅读一些该学科的相关书籍，这是学好该学科必需之事。各个学科都有必要开设"学科阅读课"，各个学科的高考试卷中都应出现"阅读题"。这是我个人的观点，不见得正确，但我的认识就是如此。

凌宗伟：谢谢晓晖老师对"语文是基础学科"的阐释！不过对您刚才说的"语文是母语学科，而母语是思维的工具"，我有不同的看法，我认为语文学科是一个民族通用语的学科，换句话说，我们的语文是以普通话为标准语的，这么说吧，我的母语是南通话，您的母语是四川话。

（二）

为什么说语文教师应该是研究者

凌宗伟： 我有个观点，教学即研究，教师应该是个研究者。不知道郑老师对此有没有不同意见？

郑朝晖： 我经常说，我们老师容易混淆语文教学的研究者和语文教师这两种角色。作为研究者，我们对于课程的性质、目标、内在结构都可以有自己的见解，甚至对于语文作为一门学科的意义价值也可以有自己的思考与判断。事实上，目前的课标和教材都有很大的提升与发展的空间，值得好好研究。

而作为一名教师，一个一线操作者，我们还需要一个用以开展日常教学的规范与共识，或者说"教学边界"，这样才能体现课堂教学的成效，如果我们在教学操作中不体现课程标准，不落实教材的学习任务，而是各自为政，必然会引起人们对语文学科本身的诟病，从而削弱语文教学在整个基础教育中的地位。所以，在操作层面上，还是要围绕课程标准和教材学习任务展开。

这么说，是不是就不要教学个性呢？当然不是。前面我也曾谈到，教材将课标中的素养落实为"任务"，但是如何理解教材中文本与"任务"的关系，如何创设"情境"将学生带入学习之中，如何通过活动设计、学习支持系统的构建，让学生"真实的学习"发生，还是需要教师调动智慧去研究和实践的。每位教师在促进学生学习时发挥作用的方式、方法也不尽相同，在教学中如何发现自我的"教学人格"、完善自己的"教学人格"，也还是有很多工作值得教师去做。

当然，您所言"教师应该是个研究者"，是从另一个层面上说的，就是要以研究的心态对待教学，这是教师专业精进的不二法门，而我反对的是语文教学一味地求新求变、无标准无边界的行为。

凌宗伟：我是不是可以这样理解，有怎样的"教学人格"，就可能有怎样的教学理解与教学行为，只不过我们对这个问题不够重视？

郑朝晖：可以这么说。一个教师的修炼其实在于两方面，一方面固然是学科内容方面的学习与提升，不断拓宽视野，提高认识，这一点现在许多教师都有所意识。而另一方面则是"教学人格"的养成，保证一名教师的专业性。我们在教学模式和程序上兜兜转转，一旦出现某种新的教学模式就趋之若鹜，却没有从教学的本质、学科的本质上去思考该模式或方法形成的内在逻辑，自然也就无法形成属于自己的有效的教学行为。"教学人格"的提出，其实是希望从另一个角度来思考教师的专业发展问题。

欧阳国胜：凌老师之前提到的"语文圈子里有学术吗"这一问题，我们还是乐观一点地说"有"吧，只是深度与层次还令人担忧而已。原因在于语文圈子里虚浮之风盛行，各种检查、考核、评比等令老师们疲于应付，无暇深阅读，甚至无暇真生活，更谈不上与学生的单独交流。教师没有了阅读，就难有真思考；没有真思考，就难有学术追问与学术批评。

缺乏严肃的学术批评，于语文教学、学生成长都是灾难性的。所以我要说："给一个不切实际的高分或满分而不指出问题，让考生有缺点而不自知，让考生带着缺点步入高考考场最终败于考场，这无异于谋害学生，假如我是考生家长，我会恨死这样的老师的。"坚持学术，是教学的基本原则，也是教学追求实效的重要保证，更是教学应该坚守的一条道德底线。

梅　香：2021年，江苏新高考"首考"，语文首次采用全国卷。唐老师对这份试卷的研究心得是怎样的？从高考作为教学的"指挥棒"来看，您认为这份试卷对未来的高中语文教学有怎样的"指挥"意义？

唐　缨：我曾经为苏教版教材和江苏卷时代的到来而兴高采烈，因为，以人文素养为整体导向的教学，一定能大幅度提升学生的语文素养和语文能力。作为江苏教师中的一员，我可以负责任地说，事实也的确如此。过去10年间，我们培养了前30年都未必能望其项背的善读者、善写者。每年高考全社会热议高考作文题的现象，也出现在此10年间而非以往。从这个角度说，即便苏教版和江苏卷时代终结了，我们也没什么好遗憾的，收获是满满的。

但正如前述所言，10年时间，也引发了新的反思。例如，学生的阅读越来越追求所谓的"高端"——比谁读得冷门偏僻而不是比谁读得有深度；学生的作文则越来越追求风花雪月、语出惊人，甚至到了酸文假醋的地步（我们应该还记得浙江高考满分作文引发的巨大争议）；我们的学生学了12年语文，却越来越不会与"他人"沟通交流……这些都意味着本轮课改的到来是有时代必然性的，2021年江苏新高考"首考"，在我看来是对上阶段的总结，也是下阶段的起点。无论是试卷的结构，还是具体的试题，都相当鲜明地体现了新课改、《新课标》的精神，是值得肯定的一次"大考"。尤其是试题对实用性的注重和作答反套路化，通过高考前多种形式的宣传、展示和研讨，逐渐深入人心，成为广大教师认可的命题方式。同时，也促使更多的教师开始觉悟，靠刷题就能应对高考的时代，可能要过去了（虽然应试的惯性依旧极其强大）。这对于解放教师、打开教师的视界，具有极大的推动作用。面对这样的高考试题，如果我们能认识到需要从根本问题出发、采用综合手段，去培养学生的学科核心素养，那么"指挥棒"就真正发挥了积极作用，从"大棒"变成了教学的"音乐指挥棒"。这样的局面，又有谁不会为之鼓舞振奋？

梅　香：我觉得，教师作为研究者，还体现在语文教师要有专业的、高品质的语文生活。唐缨老师在很多学生心目中，是神一般的存在，个性独立，灵魂有趣。能否跟我们说说，您的"语文生活"是怎样的？

唐　缨：我自己的"语文生活"首先建立在这20多年来一直秉持的一种观念，或者叫一种习惯上，即以"大语文阅读"为基础的、以"游戏心态"为导向的"听说读写教"。

我自己的这种"大语文"观，和当前所谓的"大语文"

不是一回事。在我看来，观一幅画，听一首歌，看一部电影，走一趟园林，逛一回博物馆，都属于"阅读"的范畴，之所以说这样的阅读归根结底还是"语文"的，原因无他，首先是我的职业身份使然，其次是我会把这种综合性的资源随时随地转化为语言文字能力——该鉴赏的鉴赏，该评论的评论，该分析的分析，该批判的批判，该共情的共情，该间离的间离，该用于教学的毫不吝惜运用之，与教学无关、但与自身思想情感有关的存而惜之。苏轼所言"吾文如万斛泉源，不择地皆可出"虽指向创作，借用来阐释阅读与思考亦无不可：面对存量丰富的信息世界，敞开自己的感受与接收端，不画地为牢，不作茧自缚，能吸纳的一定要吸纳。

对于语文教师获取施教灵感而言，以上所说其实是非常重要的。一堂课的"切入点"往往能够决定这堂课的品质与品位。正因如此，我教孟子的《齐桓晋文之事》，可能会运用"动漫微电影"的形式，而不必等到戏剧单元再用之；我教林庚的《说"木叶"》，可能会用到"图像解释学"手段，对照课文图文互证；我教昌耀的《峨日朵雪峰之侧》，可能是融合了金斯堡与科特·柯本遗书的诗歌摇滚之旅；我教费孝通的《乡土中国》，会邀请学生欣赏电影《秋菊打官司》和《被告山杠爷》，写评论剖析这些电影和费孝通的文本之间有无关系……

同时，我想提醒广大同行的是，"学以致用"当然很好，但这是一个拥有海量知识与信息的世界，即便语文学科的外延等于生活，也不代表所有的生活知识都可以、都必须进入语文教学。我的意思是，很多信息本身也许很美好、很有用，或者正相反，但归根结底它们和语文教学是没有关系的。如果只因它们和教学"无关"就舍弃对它们的关注，将所有的力气都倾注在和教材、试卷直接相关的事物上，那么这样的语文教师的视野是狭隘的，品质是平庸的——我指的正是那些对教参、标准答案和教学刊物之外的任何事物都不感兴趣的教师。

梅　香：我觉得，语文其实就是一种生活方式，语文教师要有专业的、高品质的语文生活。我对高中语文教师的想象和期待尤其如此。邬老师是满足我这种想象和期待的理想型教师之一，您能否跟我们说说，您的"语文生活"是怎样的？您又是如何引导学生构建"语文生活"的？

邬建芳：我非常赞同您说的：语文其实就是一种生活方式！一个语文老师，能将自己的专业与生活相融，渐臻"人剑合一"之理想境界，这也是我的毕生追求！只是，迄今我仍然踉跄地在途中摸索。

"高品质的语文生活"，在我看来就是透过语文之眼来观照俗世生活、感知万物，似戴上了"滤镜"，审美的维度得以提升。

比如，高中语文老师基本上每天都要早起奔波，过程相当辛苦，但如果一味地沮丧抱怨，就错过了清晨六点半变幻莫测的天光云影，拂晓时绯红的云霞，可肆意驰骋的宽阔马路，路边湖面上蒸腾的轻盈晨雾。日出前还没来得及遁形的秋月，衬着道旁法桐的疏影，自有几分清朗意境早起可以安享大自然最清新出尘的赐予；饭后校园散步，兴之所至，对着流云晚霞、野草闲花随手拍下几帧，配上几句随想，发个朋友圈——这也算得上"语文生活"的一部分吧？

每天，开启语文课的，是学生最喜欢的课前分享：从时事新闻到经典影片，从读书随感到文化物语……同学们精心准备的内容总能为相对封闭的校园生活打开一扇窗，呈现别样风景。每到周末，同学们会拿到期待的课外阅读讲义，那是语文老师一周阅读的精华推荐，或是热点时评、书评、影评，或是经典美文、主题群文。学生有摘有评，有感而发，在读写中贯通语言符号世界、生活世界和精神世界。

说到如何引导学生构建语文生活，我认为语文老师自身的趣味、阅读、观察和表达是构成语文生活的主料，浸润其间，视听嗅味触等感官被文字唤醒，学生自然而然会受影响。

大热的纪录片《舌尖上的中国》，曾是我们语文课堂的常客，美食的诱惑固然不可抵挡，但更诱人的是那精致有味的解说词：对食材的生动描述令人垂涎，对亲情的温暖叙说感人肺腑，对民生的虔悯关怀、对社会生活的哲理思索发人深省……如此"营养美味"的课程资源，足以激发学生生活的热情。让学生看到凡俗的食物背后原来是一个活色生香的世界，感受高品质的解说词蕴藏着的穿透时空的力量，将来某刻，学生在三餐四季之间，在料理一蔬一饭之时，能带着热爱，带着一份审美感怀，想来必是语文赋予他的。

《李子柒古香古食》系列视频也是贴合"语文生活"的样本：在田园牧歌般的场景里，经传统美学的点化，"柴米油盐酱醋茶"与"琴棋书画诗酒花"毫无违和地拥抱在一起！李子柒，她对年迈奶奶的精心侍奉、她上山下田的轻捷、插花缝衣的灵巧、洒扫烹调的娴熟……不仅是丰富的写作资源，而且可以直接作为当下倡导的"德智体美劳"五育并举的绝佳视频教材！

语文学习的外延与生活的外延相等，谁说不是呢？

寻常的白色、紫色、红色、绿色、黑色，透过语文之眼来看却是东方既白、暮山紫、朱颜酡，是天水碧，是螺子黛。这就是《时间的朋友》跨年演讲中最让语文老师心动的片段！在故宫仓库里，文化学者郭浩耗时两年，遍览古籍，逐一考据，才整理出这套中国传统色。中国式的色彩美学，能立即唤醒中国人复杂的感受和想象，是中国人才有的共识与共情。

王安忆的《比邻而居》，从邻居家的油烟味里辨析出川菜的辣、葱油饼的香、鸡汤羊肉汤的鲜美、中草药的浓烈、艾草的熏烟……进而品出各家各户的生活态度！

余光中的《听听那冷雨》，几乎极尽了汉语中对"雨"的描摹想象，对听觉的视觉化表达。

用语文去唤醒感官，用感官激活想象，以想象驱动文笔——生活的语文是有根的。高品质的语文生活就是引导学生以"升维"视角观察、体验、描述生活，由此，写作也有了源头活水！

徐志摩说过一段话："我的眼睛是康桥教我睁的，我的求知欲是康桥给我拨动的，我的自我的意识是康桥给我胚胎的。"人的灵性的开启，是需要特定的缘分和契机的。我想，如果有朝一日我的学生有这样的颖悟：我的眼睛是语文教我睁的，我的求知欲是语文给我拨动的，我的自我意识是语文给我胚胎的……那就是语文老师的无上快乐了。

梅　香：套用一个词"财富自由"，在我心目中，邬老师也是实现了"学科（教育教学）自由"的教师。当然，"学科自由"是以高度的专业素养和丰厚的积累为前提的，对于普通教师尤其是新入职的年轻教师而言肯定是奢谈。对他们来说，集体备课可能是提升教育教学能力的一条重要路径。您如何看待集体备课？

就您的观察，您所在学校，语文学科集体备课的情况如何？对教师的集体备课意识、备课策略、备课机制以及备课结果的执行情况，您如何评价？

我了解的情况是，多数学校的集体备课并非认真研究课程标准、质量标准后形成备课成果，更多是一种教学任务的集体策划，规定整齐划一。教师个体的研究动力不足，教学个性得不到有效发挥。您觉得作为施教主体的教师，应该如何协调与教育管理者、课程开发者之间的关系？

邬建芳：首先，要说实现"学科自由"，我愧不敢当。尤其是近些年改革"组合拳"频出，语文教育教学处于变动不居的"流体状态"，能够跟紧不走偏，已经有些气喘。无论是对资深教师还是新手教师，集体备课都很有必要。它是提高教师群体素质，提高课堂教学效率的有效途径。我们语文学科组的集体备课遵循以下三点原则：

1.统一思想，课标就是方向，确保行走在正确的路上。

2.明确时间、地点、内容与主备人。制订备课组活动周计划，周周落实；辅以日常的"有问题就讨论，及时解决不拖延"的即时教研。

3.各美其美、美美与共。在统一构架下尊重教师个性，鼓励课堂参差多态。

我们语文组每周例会，研讨氛围比较浓厚，已经形成传统。每周教研时间听课、评课、分享经典教学案例、读书交流、教学微话题探析、困惑求解……每次教研活动，老师们都能有所收获。

但是，就本人的观察来看，集体备课的确存在研究力度和专业性不够的问题，缺乏高屋建瓴的指导，缺乏授课前对文本教学重难点、存疑处的深度交流，以及授课之后的教案与课件的复盘分享。

的确，在如今的教育形势下，教师之间合作与共享的动力匮乏，一部分原因是教学节奏紧张，教师的教学任务相对繁重，备课、上课、作业批改、个别辅导以及很多非教学任务的挤占，已经让老师们无暇顾及对课程、课标、前沿理论的深入学习和灵活应用。而个性迥异的语文教师之间总存在认知与风格的差异，"各美其美"容易执行，集体备课讲求"美人之美"进而"美美与共"，这一点尚有距离。

我们尝试从以下三方面入手进行优化：

1.厘清教研组和备课组的职责和任务：教研组以研究为主，教研组长解决方向和理论问题；备课组以教学为核心，备课组长解决具体教学问题，以务实为主。备课活动和教研活动是两回事，任务和侧重点各有不同。职责不清，就会导致一些备课活动变成了分派任务，不能解决实质问题。

2.探索理论和实践相结合的方式：理论指导是促进教学实践的重要力量，但是在一线教学活动中，忽略理论似乎也能把教学成绩抓得很好；但是缺乏理论的学习和推动，实践永远是在平面强化，而不是纵向提升。用前沿理论来提升一线教学的实践水平，这也是集体备课有效性的关键。

3.发挥骨干教师的引领作用：骨干教师的科研意识和学习能力相对突出，他们可以先研习课程标准和教学理论，再通过教研活动来发起讨论，一次聚焦一个点，然后通过公开课来呈现理念的落地，课后再组织专题评课，如此形成螺旋上升。如果循规蹈矩，只能低空盘旋，师生成长都会受限。

对于协调各方关系这个问题，首先要认识到，教师作为施教"主体"，拥有一定的专业自主权。尤其像我校教师，专业自觉性比较高，只要按照教学规律、负责任地做好每日教学，能确保教学效果，教育管理者就不会过多干涉。

至于教师与课程开发者的关系，则取决于课程开发者的意图，在多大程度上能够得到一线教师的精准理解、真心认同和真诚实施——说白了，无法监控、无法科学评价。加之"课程开发者——教材编写者——教学管理者——高考命题者"四大阵营相对独立，教师究竟听谁的？这也是困扰一线教师多年之迷思。说得消极点，"盲人摸象"式的语文教学之路还将长期存在。

（三）

如何看待语文教师的个人风格与"教学主张"

凌宗伟：现如今不少语文名师提出了自己的语文教学主张，有些区域的名师培养与评选也以此为基本条件，不知道诸位如何看待这样的现象？

罗晓晖：长久以来，我对语文界某些名师的某些做法也是有看法的。在"语文"前面加上一个定语，拉起"××语文"的旗号，这是很不正常的现象。语文是一个学科，不是一个个山头，用不着搞"山头主义"。有自己的语文教学主张，这是好事，但千万不要把语文搞成门派林立的江湖。

岳春光：现在确实有很多教师借新课程改革的东风提出了很多主张，但若深究的话，我们会发现他们所针对的问题，有些早在"国文""国语"时期就得到了学者的澄清；有些主张虽然由语文教师提出，但针对的内容和范围却超出了中小学语文教学的范畴；还有一些主张看似是为语文添色，实则是为个人增光……（凌宗伟：十分认同您这个观点，不少语文名师确是如此行事。）

我个人的观点是，不管是多么有名的教师，也要好好学习一下语文学科的发展史，学习一下前辈语文人留下的语文论著，这样既可以减少盲目、少走弯路，也可以有的放矢、增添建树。

凌宗伟：关于这个话题，我更想听听袁菊老师的回应。作为一名资深教师（不好意思，我不太喜欢以"名师"相称），区域内资深的高中语文教研员，您觉得当前高中语文教学主要存在哪些问题，要怎样改变呢？

袁　菊：我也有同感，同意您的这两个判断：一是眼下"名师"称呼有些泛化，甚至有些"污名化"，尤其是有些"名师"，借"名"之名到处走穴、捞金，更是给这个群体带来不小的负面影响。其实教育都是"一果多因"的，我不相信凭一个"名师"就能培育出一位"童星"。我看过中国教育科学研究院一位资深教授的文章，他提出了一个观点：好学生实质上都是没有光环的老师培养出来的。这话当然有尖刻、片面之嫌，但此现象确实是客观存在的。二是您的问话前提是"高中语文教学存在问题",我觉得这一判断也没有错。虽然课改深耕好多年了,但"故乡如故"的现象依旧存在。概言之,我个人觉得高中语文目前存在的问题主要有三个方面:

一是对《新课标》的变化视而不见,固守老模式背景下的教学方式。不客气地说,有不少高中语文教师仍然固守旧有教学模式,对《新课标》的变化视而不见,认为"任务群"只是新一轮课改的噱头,搞不搞无所谓。至于高考,只要多刷题,强化题型和解题套路训练即可应对。殊不知,当前高考连考试大纲、考试说明都没有,又何来"套路"可以训练?我们会发现,每年高考都有一些新题型,最让考生发怵。因此,我认为只有在日常的课堂学习中培养学生的思维水平、能力,才能有效应对高考。如果能力提升到位,考生还会害怕新题型吗?

二是课堂缺乏创新精神,对创新思维存在畏惧感。在以往的课堂教学中,"教案是只看不见的手,牵着老师满堂走",现在这种现象虽然有所改善,但并没有得到根治。课堂上学生灵光乍现,出现创新思维,教师往往不会因势利导、鼓励创生,反而觉得"麻烦来了"——课堂的不可控,在听课领导看来或许就是一片混乱。在这样的思路之下,学生的创新火苗也许就被无情地扑杀了。创新思维是基于批判性思维、逻辑思维的综合思维模式，是基于生本对话、生生对话、师生对话的思想火花。在此我再次呼吁，教师要以平等的心态、开放的精神，鼓励创新，引导创新。管理者应该鼓励教师开放课堂，创设有利于思维创新的情境，让学生多读、多写、多对话、多研究，让学生在宽松、和融的学习氛围中充分发挥，提升创新思维水平。

三是把"学为主体"当作幌子，忽略教师的精要导引。这是问题的另一个方面，课程标准强调教师是"平等中的首席""组织者、引导者、合作者""中介者"，有的老师只强调"平等""中介"等元素，却把"首席""组织""引导"等置于"蓼儿洼"去了，这其实是另一种"失职"。我们每年要深入学校听200节以上的课，有些课堂曾出现过相当严重的"失职"现象。譬如，教师随便抛一个问题就让学生"小组讨论合作学习"，这"其间"和"而后"并不见教师有效率、有新意、有提升的引导，"萝卜烧萝卜还是萝卜"，学生仍然是"一头雾水"（有些问题当然需要个性化理解，但有些问题却需要规范标准）。此外便是教师的语言问题，语文教师的表达按理应该是"语言的典范"，但事实并非如此：讲述性语言，不够精练、形象不足；指令性语言，指向不明、含混啰唆；应答性语言，机械刻板、缺少变化；尤其是示范性语言，本应成为学生语言习得的来源之一，但精彩的很少，可供学习的很少，能称为典范的几乎没有。

凌宗伟：十分认同您的观点，语文教师的表达应成为"语言的典范"。处于自媒体时代，碎片化阅读与表达似乎已经不可避免，语言生态如此，对学生的语文学习或多或少会产生一些影响。不少语文教师，甚至颇有影响力的语文老师，也常常出现一些惊人的表达。您能否从教学研究者的视角给从事具体教学的语文老师提一些建议，可以通过哪些具体的策略帮助学生将碎片化阅读与写作纳入系统的阅读与规范化表达的轨道上来？

袁　菊：您的判断没错，现在碎片化阅读与表达已然不可避免，对此，我们无须惊恐，只能泰然处之、因势利导。首先，我们要看到，整体阅读环境正在改善，李克强总理在《政府工作报告》中多次提及"推进全民阅读"，可见党和政府对阅读的重视程度。随着文明城市的创建，"全民阅读"也已经深入人心。其次，我们自身需要与时俱进。纸质阅读当然有它不可替代的价值，但互联网技术的更新也推动了阅读形式的变迁，由过去的读书、读报，扩展到如今的电脑阅读、手机阅读。打开微信、微博，各种信息铺天盖地、纷至沓来，让人们第一时间开启"说读就读的旅行"。这种现象我们无法扭转，更不能一棍子打死，"碎片化阅读"

既然能够成为时代的产物、成为人们须臾不离的生活方式、成为一种普遍的社会现象，它肯定有其合理性，不能因为存在某些不足就全盘否定它。只要我们理性看待、取长补短，完全可以积极利用。最后，我们可以将群文阅读、主题阅读引入课堂，围绕某个主题开展目标明确的"碎片化阅读"。就当前的社会热点，选取不同角度、正反多面的观点，将深层次的思考呈现给学生，促使学生对话、思考，鼓励学生表达。比如：针对自媒体时代"震惊体"的问题，教师可以专门做一期以媒介素养、娱乐反思为主题的群文阅读，精选中外相关思想论述，引导学生正确看待，并让学生自主表达。我们还可以将社会真实生活融入语文教学，社会生活是语文学习取之不尽、用之不竭的宝库。语文应该与社会接轨，而不应该闭门造车。现在语文新高考非但不回避热点问题，反而紧扣热点命题，我们对此要有清醒认识。再比如：面对社会热点事件，教师可以引导学生多层次了解事件全貌，形成自己的观点，去参与微博等平台的讨论。当然，"碎片"可以缤纷多彩，但"碎片"本身并不包含深刻思想。我认为最主要的是引导学生回到经典阅读当中去，从中汲取思想，居高望远，练就一副火眼金睛，"有妈这碗酒垫底，什么样的酒都能对付"。好比"快餐"可以偶尔尝尝，"正餐"却不能因此偏废。

凌宗伟：不可否认，我们南通在培养名师方面做的工作是扎实的，成效也是显著的。您能从语文学科特征出发，和大家谈谈自己的语文教学主张吗？或者说说您是怎么看待"简约语文""精致语文""生命语文"等主张的？

袁　菊：谢谢夸奖。承您美言，南通的名师培养工作是恒久的、扎实的、有效的，《人民教育》《中国教育报》《中国教师报》都做过专门报道，在此就不赘述了。您提到的语文教学主张话题比较敏感，在名师打磨初期，为了提炼并体现某一名师的教学风格，确实是煞费苦心地树立了很多"旗帜"。但这对于纠偏"千人一面"的语文教学气象也是有贡献的，对此，我们绝不能"一棍子打死"。然而，语文毕竟"通四海""达三江"，涵容太大，若仅仅以一纸标签来束缚它、表达它、限制它，并不是一个好办法。有人给于漪老师贴上"情感派语文"的标签，她就不满意，因为语文教学不乏"理寓其中"，如果只要单一的"情感"，那么置逻辑与哲思于何地？所以这是一个悖论。

您是高中语文教学大家，记得我曾经受邀为您点评过一节课《听听那冷雨》。（凌宗伟：别，王力先生等前辈才是大家。如今自我标榜为"大家"的倒是不少，用"大家""大咖""大师"来调侃的狂妄之徒更是不少。我就当是调侃了。）那次开课的规模很大，听课的老师很多，全国各地的语文教学大咖齐聚一堂，其中不乏高校的语文教育研究专家、教授和学者。我没有给您的课堂教学贴什么标签，只是从整体风格出发描述了一番：凌老师《听听那冷雨》的课堂呈现，我认为是智慧的、大气的，这种智慧体现为简约、朴素、宁静、深邃。在评课的最后我特地指出："在百花齐放的语文教育园地，他这堂课的教学设计未必称得上是某种标签式范型，我们在课堂上看到的凌校长是智者，而这堂课正是一位智者对语文教学几十年未变的情怀与追求、持之以恒的磨砺与深思。我想，这才是我们真正需要学习的。这一课，凌老师带给我们的不仅是课堂，还有教育哲学、人生启悟；他带给我们的不仅是一堂课的记忆习得，而且是一种教学思想、一种态度、一种精神、一种责任、一种让学生发展的思维方法"。后来，您的教学实录连同我的即兴点评都发表了，据说反响还不错。您作为语文大家，能给您的教学贴一个合适的标签吗？

至于您所关心的我自己的教学主张，则是"入境、悟神、创生"。我的教学主张在"著名特级教师教学思想录"丛书中有系统论述，在《中学语文教学参考》等杂志中也有论述。简括地说，入境，就是进入文本所营造的情境当中。文本具有情境性，知识建构在情境中。任何知识要具有生命力，都必须存在于一定的生活环境、问题情境或思想意境中，离开特定的"境"，知识就是死的，这是知识观的基本原理。引导学生进入课文的情境中是语文教师的一项重要基本功。悟神，就是领悟作品所蕴含的神韵，一般包含文章所承载的语言精华、经验事实、价值取向、道德光芒、积极情感等。"悟神"是学生开始进入"深度学习"的标志，是一种更高层面的审美观照、理性思辨和人格建构。当下教学尤其要注重"悟神"，对话文本、把握真谛。创生，就是鼓励学生具有批判思维、倡导个性阅读。高中语文课程的"创生"包蕴多种要义，有人文素养的多维度体悟，有文章主旨的多向度理解，有艺术手法的多角度诠释。但最重要的"创生"则是"语言实践"，要通过自我体验、训练、运用，形成自己的本领，输出自己的信息，形成自己的风格，而不是简单复述或再现课文中某些固化的内容。特别是作文，不能人云亦云——脑袋长在别人的肩膀上。当然，我的这一教学主张不是唯一标准，更不是经典，欢迎大家指正。在这儿特别要强调的是，我的教学主张不是一个概念、一个名词或一个标签，而是一种操作过程、教学样式。

我认为，不管什么提法，都要遵循三条：一是语文教学首先是为了提升学生的生命体验，语文教学需要立德树人，"为党育人、为国育才"；二是语文教学必须秉持学生立场，一切为了学生的获得、提升、发展，而绝非出于自身的炒作、出名、包装；三是所有的研究，包括冠名都要符合语文教学的基本规律，遵循公理，过分标新立异、花里胡哨是会适得其反的。

凌宗伟：我认为，讨论语文教学主张的前提是要搞清楚教学主张是什么，尽管我认为每个人的教学行为总会被自己有意无意的主张左右，但真要表述出来，麻烦。我在余文森老师的《从有效教学走向卓越教学》那本书里看到这样一段话："教学主张是名师教学的内核和品牌，缺乏教学主张，或者教学主张不鲜明、不坚定，就称不上是真正意义上的名师。教学主张也是区别于其他教学名师的重要特征，教学名师、名家和流派的差异性，主要表现在不同的教学主张上。这是我们对名师的基本定位，有不少教师教学业绩突出、教学经验丰富、教学特色明显，但却没有孵化出自己的教学思想，没有凝练出自己的个人理论，没有提出自己的教学主张，从而只是停留在所谓好教师或优秀教师的层面，不能往教育家方向和境界发展，这是非常令人遗憾的。"再对照下面这段话，窃以为他对教学主张的理解是值得商榷的。他说："学科性是教师提炼自己教学主张的基本视角和重要途径。很多名师的教学主张就是基于对学科特点、功能和精气神的深刻洞察、把握和领悟提炼出来的。如'语用语文''文化语文''感性语文''汉字文化导向的识字教学'‘有思想的数学’‘智慧数学’等教学主张，它们分别从不同视角反映和彰显学科的精神内涵和价值追求。"

在我的认知里，他列举的这些例子多是属于方法、策略、流程、模式等层面的。主张与方法、策略、流程、模式是一回事吗？显然不是。那么主张是什么？词典给出的解释是，主张，即对事物持有的见解。教学主张是一个人对教学是什么和怎么做（教）的见解。

细想想，作为一个教师，无论你"有名"或"无名"，你的教学主张就在那里。对此，我曾经有过这样的表述："作为教师，无论你有意还是无意，在实际的教学行为与教学言论中总会有个人的认知与理解的，随着教学经历的增长，随着阅历的丰富，慢慢地就可能由无意而有意，由不自觉到自觉地去思考并厘清自己对学科教学、学科教育目标、性质与任务的认识。也可能会审视自己的教学主张到底是什么，教学主张与教育的价值之间存在怎样的关系等问题。只不过许多时候也就停留在某个层面而懒得深入地探讨与建设而已。"当然，从行业现状来看，作为一定范围内的"名师"，没有一个叫得响的"教学主张"似乎与"名"不符，因此苦思冥想、提炼出某些"主张"也无可厚非。问题在于，其表述应当是个性化的见解与认识，能够体现教学常识与规律的。因而表述要经得起推敲，不仅要清晰明了，还要简洁深刻。

"我"的教学主张，就是"我"认为教学是怎么一回事，应该怎么教（"我"更主张可以怎么教），"我"将通过"我"的教，将学生乃至自己带到何处去。当中有个"道"与"术"的区别的问题。教学主张的表述，千万别将"道"与"术"混为一谈，以免将来自己也觉得荒唐。简而言之，教学主张就是自己对教学的见解，语文教学主张就是自己对语文教学的见解，它一定是属于自己的。

梅　香：由老凌的这番话，我想到了一句话——"寻找属于自己的句子"，据说是海明威的，我蛮喜欢。基于对教师群体的观察，我觉得这句话可以代表一种专业发展观。很多优秀教师的成长之路，正是一个努力"寻找属于自己的句子"的过程。邬建芳老师从事高中语文教学也有二十余年了，相信您已经形成了对语文教育教学的基本认识和个人主张，能否与我们分享？

邬建芳：海明威的这句话，我也很喜欢。的确，从教高中语文二十余年，不同时期的专业进阶都在"寻找属于自己的句子"。

记得在专业成长的第一个十年，我寻找到的句子是：用思想垂钓思想，用诗情召唤诗情，用文字诱引文字。

高中语文学习，已经到达汉语学习的"高阶"层次，如果延续初中以"文本分析"为主的教学法，高中语文课堂可能会陷入僵化与沉寂。如何点燃学生学习语文的热情？这个问题成为我专业成长路上第一个亟待破解的难题。高中学生对语文老师有诸多期待，包括深度的思考力、热切真挚的情怀和不落窠臼的语言表达等。什么载体能体现这些特质？我找到了诗歌。

记得在教学小说《一碗阳春面》时，我尝试用自己原创的诗歌作为教学导引。学生在把握了感人的情节后，受到老师自创诗歌的激励，他们内心的创作欲也被充分激发出来。老师自己原创的诗歌具有唤醒学生的"原力"！一堂研读创作课催生了一篇篇令人欣喜的诗作。虽然文笔略显稚嫩，但学生对小说内涵的理解思考、丰富的情感和富有创意的表达，促使我逐步形成了"用思想垂钓思想，用诗情召唤诗情，用文字诱引文字"的教学理念。

此后，我在古典诗歌《琵琶行》、现代诗歌《再别康桥》的教学中，"以诗解诗"，用自创诗歌与原诗相呼应、互解，为学生示范"融入自我情感、优雅地拥抱文本"的阅读体验和写作路径。

我专门开过一堂诗歌导写课《诗意的微醺》，设计了五个问题，从"需要不需要诗意""我们离诗意有多远"到"会不会传达诗意""能不能创造诗意""还可以拥有多少诗意"，把学生平日散落在作文、随笔里的佳句捡拾呈现出来，帮助学生发现自己，树立表达的自信，然后提供情境或诗题，用富有想象力、召唤力的文字诱引学生的诗情。我鼓励他们通过读诗、品诗、写诗，拥有一双善于发现的眼睛、一颗真诚敏感的心；选择站在正义、善良与真理的一边。以师生自创的诗歌连缀起来的这节课，成为我实践自己语文教学理念的标志性事件；围绕这个教学理念撰写的论文和课例也多有发表、获奖，成为我专业成长路上的一份"青春记忆"。

随着自身在语文教学领域的深耕广拓，我开始回头审视自己曾为之自豪的观点，发现"用……垂钓、召唤、诱引……"三句话隐含的主语都是"我"，属于"有我之境"，过于依赖自身的思想、情怀和表达力，在激发学生的同时也把学生局限于教者狭窄的自我天地，充其量也只是高中语文教学法中比较有特色的一种探索。

我一直敬仰的黄玉峰老师说过，老师教的东西最多就是一杯水、一桶水，为什么不让学生自己到大江大海里去弄潮击水呢？我深以为然！于是，在教学生涯的第二个十年，我开始探求语文教学的"无我之境"，把学生领到芳草鲜美、落英缤纷的汉语原野，带着他们自由地领略文字承载的美和力量，也许是更值得语文老师做的事。

然而，书如山，文如海，学生对此难免茫然，语文老师就需要先做上山下海的"探宝、采珠"之人，把亲自采来的珠玉带着自己的温度呈现给学生，学生才可能信之凿凿、品之津津。

我摒弃网上的各路名家推荐的书目，带着语文组老师一起开展阅读遴选活动，把我们自己认真读过的、思想和文学品相俱佳、适合我校学生阅读的书开列为"青藤阅读书单"，组织"读着，让精神更敞亮"系列读书会，领读、推荐给学生，比如申赋渔的《一个一个人》、蔡崇达的《皮囊》、梁鸿的《出梁庄记》、鲍鹏山的《风流去》、熊培云的《慈悲与玫瑰》、林贤治的《旷代的忧伤》、木心的《木心诗选》，还有《人类群星闪耀时》《岛上书店》等。每本书我们都采购可供全班共读的量，陈列在专用阅览室，便于开展班级同步阅读、交流活动。

我把这第二个十年寻找的句子，提炼为"读写，如呼吸"。让学生认同"读与写，是思想和精神营养的输入与输出，平常如呼吸；读与写，倾诉与倾听都是精神活动的必需，重要如呼吸"的理念，通过对高品质诗歌（歌词）、小说、评论文章等各类文本的阅读赏析，提炼写作之道，追求高品质的读写，培养自信的表达。同时也适度渗透"阅读学""写作学"的专业知识，为培养中文阅读的持久兴趣、终身阅读爱好打好基础，提升学生的全科阅读水平。

《白鹿原》作者陈忠实用"寻找属于自己的句子"作为他创作手记的书名，他说："遵循寻找—发现—探索的循环途径，从平凡中发现不平凡，挖掘人内心的情感，只有这样的句子，才称得上属于自己的句子。"

我始终走在高中语文教学的探索之路上，今后还会继续寻找属于自己的有质感的句子。

凌宗伟：谢谢邬老师！我认为，教学虽然有规律，有共性，但更有差异与个性，很是认同"寻找属于自己的句子"的观点。我担心的是今天有些人已经不满足于"语文教学主张"了，他们又开始谈"语文教学思想"了。不是说我们不可以讨论"语文教学思想"，我担心的是，这样的趋势有可能导向"为赋新词强说愁"的局面。

梅　香：唐缨老师也是一位从事高中语文教学二十余年的资深教师，能否与我们分享一下您对语文教育教学的基本认识和主张？

唐　缨：许多同事、学生都说我是一个"有个性"的语文教师，我当然很高兴能得到这样的评价，但同时也对这种评价保持着警惕。个性，也许标示着一种特色，但有时也可能标示出某种怪异——故弄玄虚、哗众取宠。对于后者，我向来是保持戒慎的。但如果大家认可"有个性"是用来表扬独辟蹊径的教学风格，表扬以鲜明的教学特色吸引学生走进深广的语文天地的，我当感荣幸之至！

我常觉得自己还年轻，孰料从事高中语文教学工作也有1/4个世纪了，比上不足比下有余而已。有时候扪心自问，自己是"有个性"的教师吗？这种"个性化"特质是从什么时候形成的呢？我也有些茫然。因为回顾这二十多年的教学生涯，今日之我和昨日之我，似乎并无太大差别，颇有点"不知今夕何夕"的味道。现今我采用的教学方法、教学手段，相比刚踏上教学岗位时，也谈不上有何推陈出新。想来想去大概只有这么一点是从未变过的：我是教语文的。

这种"教语文"，我不认为是任何人都能玩得溜的，从职业的角度说，就是专业的不可替代性。它不仅表现为非"喜爱阅读"的理科教师所能从事，也表现为非其他文科教师所能从事。我们都知道病痛须由医生治，偶尔搞个偏方暂缓病情的那不是医生；我们也都知道拎个灭火器固然能扑灭小火，但没有哪个国家会因此而不设置消防员，那为什么至今仍有一些人对语文学科必当由专业性极强的教师来承担心存怀疑呢？谁都能教的"语文"，就不是语文教师该教的语文。西谚所云"上帝的归上帝，凯撒的归凯撒"，用来表述这个显豁的事实，是很恰当的。从这个角度说，国家设置的语文课程，就必须由专业的语文教师来教，这就是专业的不可替代性，所有学科教师的教学个性必须建立在此基础上。不符合语文学科特性的所谓"个性"，是站不住脚的，所谓"天花乱坠"实为"信口开河"。学科特性是教学个性的前提和保障。

从另一方面讲，教学个性确实又和不同的主体有关，关乎性情气质、眼力见地、学识修为等方面。"语文教师的肚，像个杂货铺"，教师个人越是追求综合素养，就越能接近语文教学的本质，越能形成个性。"博杂"应是物理上所说的形成合力，针对要解决的语文问题形成足够大的压强，直击问题的核心。"博杂"是向外的索求。金庸小说《射雕英雄传》里的"东邪"黄药师，在弟子的口中是"文才武学，书画琴棋，算数韬略，以至医卜星相，奇门五行，无一不会，无一不精"，所以成了绝顶高手中最为潇洒自如的一位，也是最有个性的一位。教学则是向内的聚焦。同样是金庸的小说《倚天屠龙记》，在刻画明教教主张无忌等人对战少林高僧时写道："张、杨、范三人平时临敌均是空手，今日面对劲敌，可不能托大不用兵刃，三人一法通，万法通，什么兵刃都能使用。"这就是平日的修为在解决问题时的左右逢源、应付裕如。

经历过三次课程改革的老师应该对近三十年的语文教学演变过程记忆犹新。从机械识记、反复训练，进步到三维目标、人文素养，再进步到面对真实世界、解决真实问题。语文教师需要更为强大的语言文字能力，这是内聚；同时也需要更为广博的学识眼界，这就是向外的索求。面对新教材新高考、新的终身学习引导，后者日益成为前者的保障，也是教师形成教学个性的前提。

综合而言，一个只把自己当作文科教师的语文教师，是缺乏学科特性的，不存在形成教学个性的可能性。而一个只具备语言文字能力却缺乏广泛知识与能力的语文教师，想要培养契合当前教学大环境的教学个性，从格局上讲是很难成功的。

举个很功利的例子，当前的高考试卷是否只考查文学类内容？很明显不是，非文学的内容占比越来越高。作文是不是还走"风花雪月"、以华丽文采唬人的道路？或许还有残留，但总体而言越来越侧重于考查学生解决各种问题的综合运用能力。从"语言"地基出发，树立"思维"和"审美"两根梁柱，最终建构"文化"这一宏伟殿顶，正如怀特海所言，"我们要造就的是既有文化又掌握专门知识的人才。专业知识为他们奠定起步的基础，而文化则像哲学和艺术一样将他们引向深奥高远之境"。这就是我眼里的语文学科核心素养内涵的逻辑性，整个过程涵盖了外向与内聚这一矛盾辩证的力量。若想在教学个性上有所建树，把握这一逻辑、这种力量，对语文教师来说是具有根本性意义的。

举几个简单的例子，它们都是我个性化思考的结果，我也试图从中勾勒出学科特性与综合素养融汇后的某些表征。

例如，归有光的《项脊轩志》，大概是各类教学杂志上出现频率最高的课文之一，讨论者众多，其间不乏随波逐流之人。我则试图独辟蹊径去重新解读，标题中的"项脊轩"一般被视为文字上的意象，却鲜少有人把它当作一所实际的房屋。一所房屋就没有文学性了吗？未必，在我眼里，"项脊轩"不仅是归有光个人情感的寄托，而且是行文的依托，更关乎归有光所处的大时代，这就是明清时期真正定型的书斋文化。由于长期从事"国学"教学，古代建筑文化专题为我解读本文提供了独特的视角。沿着"书斋文化"这块指路牌，结合归有光的生平遭际，深入原文仔细咀嚼品读，我从中提炼出三点：第一，书斋是追慕圣贤的教化之地。而大多数平庸的归氏文章，正源自其思想中根深蒂固的崇儒阐道之追求。但书斋中的苦读，换来的却是功名黯淡、仕途蹭蹬，怎不"令人不自禁"！第二，书斋是虚室生白的坐忘。入世与出世的永恒矛盾，同样构成了归有光思想情怀中的基本冲突。在对"项脊轩"的描写中，我们几乎很少看到类似《红楼梦》中"荣禧堂"那般堂皇的描写，多的是陶渊明式的"人境结庐"的况味，多的是老庄式的"天人合一""物我两忘"。但此境界多为人的自我想象，能让轩中人忘怀一时，却无法消泯人生的种种悲哀，因而为后来的追忆奠定了深沉的悲剧色彩。第三，书斋是心无挂碍的豁达之所。文中的"北向"阴潮之屋不减作者的兴致，固然可见一斑，而"借书满架"，更是直达"善处穷"的文化境界，可历来少有探讨。然而，努力营造的豁达之所是否真能抵御红尘万丈的侵袭，读者心中也自有定论。

教学动力，来自向外索求的传统文化知识；教学的指向，却是针对古典散文的深入品悟。没有后者，不称其为语文课；没有前者，不称其为有深度、有个性的语文课。

再比如曾入选教材的《李将军列传》，坦白地讲，绝大多数课堂还是只落实了字词句的教学，得到的是语文教学中最为低级的成果，可悲的是这些成果大多都不是考查的内容，教师却依然乐此不疲。除了字词句，还能教什么？有些教师开始"凌空蹈虚"，玩起了热闹，有演课本剧的，有讨论中国文化"悲剧性"的，不一而足。我想，它首先是一篇语文课文，细读深读，是题中应有之义。同时它又是一篇源自正史的史籍篇章，不应该只有语言文字的单一操作。

我解读这篇课文，有三个基本背景：一是史学界对《史记》的最新研究成果；二是西方后现代史学的某些重要认识；三是对"叙事学"（广义）理论的借鉴与运用，这是外向。教学方式，则是典型的语文学科手段——《史记·李将军列传》和《汉书·李广传》的比较阅读，这是内聚。在细读、比读的过程中，抽丝剥茧，既破除了"有色眼镜"（"班不如马"、《汉》不如《史》），又奇妙地读出了"透视眼镜"（从特定角度说，班诚不如马）。最后的成论是：《史记》本来就不是为"历史"而作的，毋宁说它是一部"思想史"著作，修书之目的不在于记载史实，而在于表达个人"褒贬"（源自《春秋》的至高立意）；而太史公之意在"为帝王师"，其出发点和想做优秀史官的班固本就不同，写作路径自然也大异其趣。

最后一个例子是获得第17届江苏省"五四杯"教育教学论文竞赛一等奖的《体验·认知·创造：一堂"古代文化"公开课产生的背景及过程》，这是我第二次荣获该奖项，也说明评委对这篇文章所代表的趋势是认可的。该文描述了我借助长期从事的国学校本课程和中国大学先修课程（AC）平台，运用综合性知识去多方位、深度发掘《兰亭集序》的文化内涵、思想意义、文学审美的过程，有兴趣的朋友可以自己找来一读。这篇文章的写作动机是看一看教师的综合素养能否为语文教学的深度激活提供本源性的"合力"，也试一试教师在这样的教学中形成的教学个性能不能得到学生、同行和家长的认可。现在看来，无论是在我校举办的"聚焦课堂"大型年度活动中，还是在论文评比中，这堂课体现出的某些特质，都是受到较多认同的。

言人所未言，但要立得住。发人所未发，但要有依据。古人云"反常合道"，合道是底线，反常是个性，二者相辅相成，缺一不可。

凌宗伟：谢谢唐老师！关于教学主张与教学思想，我还想再说几句。教学主张是一个人对教学是什么和怎么做（教）的意见，方法、策略、流程、模式等都属于其主张下的行为方式。有朋友曾调侃"有人把'主张'充气成'思想'，其实不过是低劣的想法而已。但是不妨碍他们的主张就是'思想'，思想就是'主张'，反正他所言在自己设置的逻辑循环里永远有效"。我们可以讨论和思考"语文教学主张""语文教学思想"，但要先将概念将一将，不仅要厘清一个概念的内涵与外延，还要将顺它与相关概念之间的逻辑关系。

凌宗伟：天下没有不散的筵席，我们的讨论到这里就告一段落了。衷心感谢各位老师参与这次讨论，虽然我们不能保证给读者提供什么思想"大餐"，但我相信各位的观点一定能让读者找到"开胃菜肴"。